頼られる税理士に
なるための

贈与からはじめる
相続の税務

JTMI 税理士法人 日本税務総研 [編]

中央経済社

はしがき

　本書は，遺言や相続税の申告書を適切に作成するために必要な実務的知識の解説に力点を置いています。相続税法の構成の分かりづらさの一つの原因に，納税義務者の規定の複雑さがあります。

　相続税の納税義務者は，基本的に相続又は遺贈（死因贈与を含む。）により財産を取得した個人ですが，近年，遺言で寄附を行う事例も多く，社会福祉法人，学校法人，認定公益法人，研究施設，NPO，同窓会等に行う寄附は，相続税にどのように影響するのでしょうか。受遺者が法人格なき社団の場合はどうでしょうか。持分の定めのない法人が，寄附者の一族に支配されている場合はどうでしょうか。個人から法人へ土地や株式が無償で移転する場合に生じる譲渡所得の納税義務は誰が負うのでしょうか。寄附された株式が無配に陥った時にはどのような納税義務が生じるのでしょうか。はたまた，基本財産に組み入れられた遺産の一部がいつの間にか換金されている場合には，どのような問題が生じるのでしょうか。分割しにくい不動産を換価して，複数の相続人や受遺者に分けるときに，譲渡所得の申告義務は誰が負うのでしょうかなど，遺言が多用される時代に，税理士や遺言作成の助言を行う専門家が正確な知識を持ち，遺言作成から執行，その後の寄附財産の運用によって生ずる税務まで，適正に導くべき数多くの事例に答えるための基本的な知識を整理したものです。

　なお，本書は『頼られる税理士になるための相続・贈与・遺贈の税務（第2版）』を全面的に見直し，書名も若干変更したものです。従前と同様に，相続税法や民法をはじめて本格的に学ぼうという方が読みやすいよう，生前からの贈与，遺言そして死亡による相続という時系列で解説しています。法令・通達・裁判例等については，解説に必要な部分のみの掲載としました。インターネット等を利用し，全文を確認するなどしていただければと思います。

　本書が少しでも実務家の皆様のお役に立ち，円滑かつ適正な納税の資となれば幸いです。

また，刊行にあたり多大な労をとっていただいた，株式会社中央経済社税務編集部の皆様に深く感謝を申し上げます。

令和元年6月

JTMI 税理士法人 日本税務総研

筆者一同

目　　次

はしがき

第Ⅰ章　贈　与

1

⑴　贈与契約と贈与税の納税義務の成立……………………………… 1

⑵　個人から個人及び「個人とみなされる者」に対する贈与………… 5

⑶　特別の法人から受ける利益に対する贈与課税…………………… 18

⑷　贈与税の無制限納税義務者と制限納税義務者…………………… 23

⑸　相続税の連帯納付義務者が立て替えた相続税相当額について
　　贈与税課税が行われるか…………………………………………… 31

⑹　扶養義務者相互間において生活費又は教育費に充てるための
　　贈与（相法21の３①二）…………………………………………… 32

⑺　高度の公益事業のみ専念して行う個人及び高度の公益事業のみ
　　を目的事業として行う人格なき社団・財団に対する贈与に係る
　　非課税財産規定……………………………………………………… 34

⑻　特定公益信託で財務大臣の指定するものから交付される特定の
　　金品の非課税規定（相法21の３①四）…………………………… 44

⑼　贈与税の３年内加算と相続開始の年における被相続人からの
　　贈与…………………………………………………………………… 50

⑽　贈与税の３年内加算が適用されない特定贈与財産とは………… 53

⑾　相続時精算課税制度の申告にあたり過小評価が判明した場合
　　の相続税の課税価格に加算される財産の価額…………………… 56

⑿　死因贈与……………………………………………………………… 57

⒀　個人に対する負担付贈与…………………………………………… 59

⒁　親子間で時価の異なる宅地を交換した場合の課税関係………… 62

⒂	個人から法人に贈与する場合	65
⒃	法人に対する負担付贈与	70
⒄	法人が受益者となる受益者等課税信託の課税関係	73
⒅	相続税の法定申告期限までに行う公益法人等への贈与（措法70）	75
⒆	法人から個人に対する贈与（相法21の3①一）	81

第Ⅱ章　遺　贈

83

⑴	遺言	84
	1　遺言	84
	2　遺言無効確認の訴えと遺言に基づく申告	86
	3　遺留分減殺請求と遺言に基づく申告	90
⑵	更正の請求	92
⑶	遺言による財産処分の三類型	96
⑷	包括遺贈	98
⑸	遺贈の放棄	100
⑹	高度の公益事業を行う個人及び人格なき社団・財団に対する相続又は遺贈に係る非課税財産規定	105
⑺	受遺者の納税義務概要	107
⑻	受遺者の住所地や取得した財産の所在地による相続税の納税義務	109
⑼	受遺者に対する課税	121
⑽	個人に対する包括遺贈のうち限定承認に係るもの	130
⑾	停止条件付遺贈	133
⑿	個人に対する負担付遺贈	135
⒀	遺言と異なる遺産分割	139

⒁　遺言による換価分割……………………………………………… 142

⒂　法人に対する遺贈（遺贈に係る譲渡所得課税）……………… 144

⒃　受遺法人等に対する課税………………………………………… 149

⒄　特別の寄与………………………………………………………… 154

第Ⅲ章　相　続
157

⑴　親族と姻族………………………………………………………… 157

⑵　相続人の範囲と順位……………………………………………… 159

⑶　相続税の２割加算………………………………………………… 166

⑷　相次相続控除……………………………………………………… 168

⑸　相続債務（債務控除）…………………………………………… 170

⑹　相続の放棄………………………………………………………… 176

⑺　法定申告期限までに遺産分割協議が調わない場合…………… 179

⑻　生命保険金………………………………………………………… 184

⑼　相続人による換価分割…………………………………………… 185

⑽　代償分割が行われた場合の相続税の課税価格の計算………… 187

⑾　遺産分割のやり直し……………………………………………… 190

⑿　未分割遺産の課税価格と分割後の納税者の選択……………… 192

⒀　相続財産の一部が未分割となっている場合の相続税の
　　課税価格の計算…………………………………………………… 195

⒁　特別縁故者が財産分与を受けた場合…………………………… 197

⒂　老人ホーム入居一時金に係る贈与税及び相続税……………… 199

⒃　特定の一般社団法人等に対する相続税の課税………………… 202

iv

第Ⅳ章　譲渡所得と相続贈与 205

  ⑴　所得税法59条と租税特別措置法40条……………………………… 205

  ⑵　租税特別措置法40条の要件………………………………………… 209

参考文献　219

索　　引　221

【凡　　例】

相法	相続税法	所基通	所得税基本通達
相令	相続税法施行令	法法	法人税法
相規	相続税法施行規則	法令	法人税法施行令
相基通	相続税法基本通達	法基通	法人税基本通達
財基通	財産評価基本通達	通法	国税通則法
措法	租税特別措置法	通令	国税通則法施行令
措令	租税特別措置法施行令	国基通	国税通則法基本通達
措規	租税特別措置法施行規則	国徴法	国税徴収法
措通	租税特別措置法通達	民訴	民事訴訟法
所法	所得税法	信法	信託法
所令	所得税法施行令		

第 **I** 章

贈　与

(1)　贈与契約と贈与税の納税義務の成立

1　贈与による財産取得の時

　我が国の民法は，贈与契約を贈与者と受贈者の２つの意思表示によって構成される１つの法律行為として観念し，そこから贈与者に財産権移転義務が発生すると説明する。

　贈与とは，「当事者の一方が自己の財産を無償で相手方に与える意思を表示し」，「相手方が受諾をする」ことによって法的拘束力をもつ**諾成契約**である（民法549）。簡単にいえば，「あげますよ」，「え，ほんとにいただけるの。ありがとう！」という合意だけで成立する契約である。このように，**目的物の交付などを要せず，当事者の合意だけで成立する契約を諾成契約という**。これに対し使用貸借など契約の成立に当事者の合意だけでなく，物の引渡しなどの給付を必要とする契約は要物契約という。

　民法550条は，**書面によらざる贈与は各当事者が撤回できる**とし，ただし書きで，「履行の終わった部分については，この限りでない」と規定する。この規定の趣旨は，①贈与者の意思が客観的に明確になることを待つことで将来の紛争を防止することと，②軽率な贈与を防止することにあるといわれる[1]。

　贈与税は，贈与による財産の取得を課税原因とする（通法15②五）。贈与契約が諾成契約であることを考慮すると，贈与税の課税時期である「贈与による

---

(1)　内田貴『民法Ⅱ』P158。

財産の取得の時」とは、贈与契約成立の日、すなわち当事者の合意があった時として差し支えないように考えられるが、国税庁は、書面によるものについてはその契約の効力の発生した時とし、書面によらないものについては履行の時としている（相基通1の3・1の4共-8）。税法の取扱いは民法550条の規定の趣旨と平仄を共にするわけである。

なお、書面による贈与であっても、「大学に合格したら100万円をあげる」というような条件が付されている契約ならば、条件が成就するまで、すなわち大学に合格するまで契約の効力は生じない。このような「将来発生するかどうか不確実なこと」が条件になっている契約を停止条件付き契約という。

農地法は、農地の用途転用について規制しているだけでなく権利移転についても、農業委員会の認可（許可や届出の受理）がなければ、私人間の契約だけでは所有権移転の効力が生じないとしている。この場合も、私人間の契約は、認可を受けることを条件とする停止条件付き契約となる。

このような書面による停止条件付きの贈与契約は、条件成就の時が財産の取得の時となる（相基通1の3・1の4共-10）。

2 公正証書による贈与と課税時期

税務実務上、過去に贈与の時期が特に問題とされたのは、公正証書による贈与である。事案の典型例は次のとおりである。

> 父Aは、所有不動産甲をBに贈与する旨の贈与契約書を公正証書により作成し、贈与税の除斥期間の経過を待って、所有権移転登記を行い、多額の贈与税の課税を免れようとした。

裁判所は、次の認定事実により課税時期は所有権移転登記の時であるとした（平成11年6月24日最高裁判決、平成10年12月25日名古屋高裁判決、平成10年9月11日名古屋地裁判決）。

(1) 本件公正証書は、将来、BがAから甲不動産の所有権移転登記を受けて、税務署長が甲不動産の贈与の事実を把握しても、Bが贈与税を負担しなくて済むようにするために作成されたものであること、すなわち、本件公正

証書を作成した目的は,「贈与税の除斥期間の完了を待って,所有権移転登記を行い贈与税の課税を免れるため」であり,他に公正証書を作成する必要が認められないこと。

⑵　Aは,公正証書の記載どおり公正証書作成日に甲不動産を贈与する意思は認められないこと。

⑶　Bもまた,公正証書作成時に甲不動産の贈与を受けたという認識はなかったものと認められること。

⑷　そうすると,本件贈与は,書面によらざる贈与となり,贈与により甲不動産を取得したのは,履行の時,すなわち,所有権移転登記の時である。

登記には公信力がなく,所有権移転（物権変動）は,当事者の意思表示のみにより効力を生ずる（民法176）から,作成日付が公に確認できる公正証書により贈与契約書を作成し,贈与税の除斥期間（現行法は法定申告期限から6年）の完了を待って所有権移転登記を行うという悪質な事例に対し,裁判所は,脱税の意図を持って作成された公正証書は,当事者の贈与の意思を認定する証拠資料とならないとした事例である。

本事例は査察事案とはなっていないようであるが,近年の国税犯則取締法の厳罰化の傾向をみると,今後,このような手口で脱税を図る場合には,刑事事件として立件される可能性もあるということを念頭に置く必要がある。

なお,立法政策としては,課税の公平を維持するため,公正証書を登記原因とする贈与の時期は,登記があった日に贈与があったものとみなす規定（除斥期間の特例）を法令化することが望ましい。

図表Ⅰ－1 贈与契約と贈与税の納税義務の成立

種　類	民　法	税　法	
書面による贈与	撤回できない	原則	贈与契約の効力の発生した時 （相基通1の3・1の4共－8）
		停止条件付	条件が成就した時 （相基通1の3・1の4共－10）
書面によらない贈与	履行の終わった部分を除き，いつでも撤回可能	贈与の履行の時 （相基通1の3・1の4共－8）	

② 個人から個人及び「個人とみなされる者」に対する贈与

1 贈与者

　贈与者（贈与を行う者）は，現行の相続税法では，贈与税の納税義務者とはならない。贈与税の課税方式，すなわち誰を贈与税の納税義務者とするかは，相続税の課税方式により定まる。

　相続税の課税方式は，①遺産課税方式と②遺産取得課税方式に二分される。現行の相続税法は，相続又は遺贈により財産を取得した者（原則として個人）に対し相続税を課税する遺産取得課税方式[2]を採用している。贈与税についても財産を取得した受贈者を納税義務者としている。個人から個人に対し贈与するケースでは，贈与者にはなんら課税関係を生じさせていない（相法1の4）。

　英米で採用されている遺産課税方式では，遺産そのものに相続税を課税する。遺産管理人や遺言執行者などは相続財産からまず相続税を納付し，その後，相続人や受遺者に遺産を分割する。贈与税についても贈与者を納税義務者としている。米国内国歳入庁（The Internal Revenue Service）はホームページで相続税（Estate Tax）を次のように定義している。

　The Estate Tax is a tax on your right to transfer property at your death.（相続税は死亡時に財産権を移転する権利に課税する。）

---

(2) 純粋な遺産取得課税方式は，相続又は遺贈により実際に取得した額に応じ，各相続人が個別に申告する。この方式では，遺産を少人数で取得すると多人数で相続するよりも負担が重くなる。そこで，兄弟3人のうち，1人が全遺産を相続しても，3人で均等に相続したとするような仮装分割が横行する可能性がある。このため，現行の相続税法は，相続人が法定相続分で遺産を取得したと仮定して相続税の総額を算出する遺産取得課税方式を採用している。

図表Ⅰ-2 相続税の課税方式の概念図

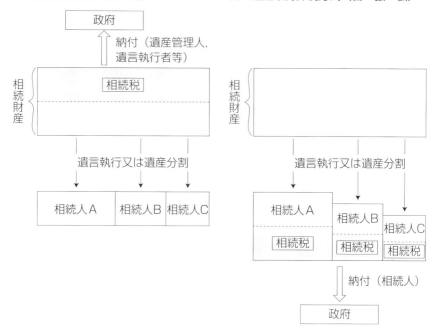

【贈与者の連帯納付義務と立替納付】

受贈者（納税義務者）が納税しない場合には，贈与者は，贈与した財産の価額に相当する金額を限度として，受贈者に課税される贈与税について連帯納付義務を負うこととされている（相法34④）。

贈与税の課税対象となるのは現物資産に限らず，債務の免除や求償権の放棄などの経済的利益も含まれる（相法7，8，9）。受贈者に資金のゆとりがないとき，たとえば父が未成年の子に不動産を贈与した場合など，受贈者である子どもが負担すべき贈与税を贈与者である父が負担することがある。贈与税相当額の経済的利益の贈与（相法8），または納税資金の贈与となる。贈与税の課税対象は贈与を受けた不動産の相続税評価額に父が支払う贈与税相当額を加算した金額となる。

図表Ⅰ-3では，贈与税の課税対象を「不動産の相続税評価額＋納税資金」

と表示しているが，現実には，不動産を贈与した翌年の3月15日が法定納期限となるので納税資金の贈与は通常翌年となる（課税年分は異なる。）ことが多い。

ただし，贈与者が連帯納付義務の責めに基づいて贈与税を納付した場合において①受贈者が資力喪失のときには，求償権放棄の有無にかかわらず，贈与があったものとはみなされないが（相基通34－3），②受贈者が資力喪失の状態になく，自己資金で納付が可能であるときでも，その納付が直ちに本来の納税義務者に対する贈与となるのではなく，求償権を放棄したとき（積極的に放棄していなくても，明らかに求償権を行使しないと認められる場合を含む。）に贈与があったものとみなされる（相基通34－3（注），8－3）。

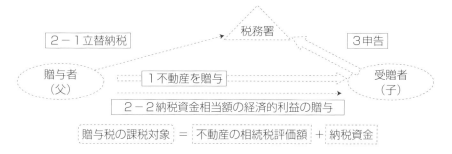

図表Ⅰ－3　不動産とともに納税資金を贈与した場合

2　受贈者

(1)　贈与税の納税義務者は個人に限られない

贈与により財産を取得した個人（自然人）は，贈与税の納税義務者となる（相法1の4）。

相続または遺贈（死因贈与を含む。以下同じ。）により財産を取得した者には相続税が課税される（相法1の3）。相続開始前に，相続人やその他の親族などに財産を贈与すると，将来の相続財産を分散，減少させることができる。

このような贈与による財産の移転に対し，なんらかの課税をしないと相続における税負担の公平を保つことができない。そこで相続税法は，贈与により財

産を取得した個人には贈与税を課すこととしている。

個人が財産を贈与する相手は，個人とは限らない。次のようなものが考えられる。

① 人格なき社団・財団
② 持分の定めのない法人
③ 営利法人

このうち，人格なき社団・財団は無条件に個人とみなされ贈与税の納税義務者となる（相法66①）。持分の定めのない法人は，特定の場合に贈与税の納税義務者となる（相法66④）。株式会社などの営利法人は，受贈益に対し法人税が課税されるので贈与税の納税義務者となることはないが，留意すべき点は，法人が贈与を受けることにより，法人の出資者（株主等）の出資持分の価値が増加する場合は，贈与者から法人の出資者への贈与となることである。株価の増加は財産評価基本通達に定めるところにより算定する。類似業種比準方式で評価する会社ならば贈与により株価がほとんど増加しないケースも認められる。

個人が持分の定めのない法人に対し財産を贈与することに関連して，当該法人から特別の利益を受ける特定の範囲の者に対し贈与税を課税する規定（特別の法人から受ける利益に対する課税）があることにも注意が必要である（相法65）。

(2) 代表者または管理者の定めのある人格なき社団や財団

代表者又は管理者の定めのある人格のない社団・財団は無条件に個人とみなされ贈与税の納税義務者となる（相法66①）。

人格なき社団や財団は所得税法や法人税法では，法人とみなされ，その収益には法人税が課されるが，すべての収益に対し課税されるわけではない。法人税法は，代表者又は管理者の定めのある人格のない社団や財団（例：同窓会，町内会，PTA）の収益に関し，次の場合に限定して納税義務を課している（法法4①ただし書き）。受贈益に対しては法人税が課されない（所法4，法法7）。

① 34種類の「収益事業」を行う場合
② 法人課税信託の引受けを行う場合

③ 退職年金業務等を行う場合

資産家が実質的に子どもの支配下にある代表者又は管理者の定めのある人格のない社団や財団に対し多額の資産を贈与しても、法人税は課税されない。人格なき社団や財団は容易に作ることができるので、贈与税が課税されないとなると、法人税も贈与税も課税されることなく財産を子どの支配下に移転することが可能となる。このような租税回避が行われることを防止するため、相続税法は、個人が代表者又は管理者の定めのある人格なき社団や財団に財産を贈与した場合には、人格なき社団や財団を無条件に個人とみなして贈与税の納税義務者としている（相法66①）。贈与を受けた財産に対し法人税が課税されることがあれば、二重課税排除のため、相続税法施行令の定めるところにより、人格なき社団や財団に課されるべき法人税及び法人事業税等の額に相当する額は贈与税から控除することとされている（相法66⑤）(3)。

人格なき社団・財団を設立するために財産の提供があった場合についても、同様の取扱いとなる（相法66②）。

人格のない社団・財団に財産の贈与をした者が2名以上あるときは、贈与により取得した財産について、贈与者ごとに、贈与をした者の各1人からのみ取得したものとみなして贈与税の計算をする（相令33②）。

図表Ⅰ-4 人格なき社団・財団と贈与税

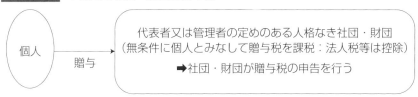

---

(3) 平成20年12月1日前に行われた贈与については、「人格のない社団・財団の各事業年度の所得の計算上益金の額に算入されているときは、贈与税は課税されない（個人とみなされない）」こととされていた。改正の趣旨は、贈与税の最高税率50％と法人税の最高税率40％の差を利用した租税回避の防止である。

10

■収益事業とは

　収益事業とは，次の34種類の事業で，継続して事業場を設けて営まれるものをいう（法法2⑬，法令5①）。

　1．物品販売業，2．不動産販売業，3．金融貸付業，4．物品貸付業，5．不動産貸付業，6．製造業，7．通信業，8．運送業，9．倉庫業，10．請負業，11．印刷業，12．出版業，13．写真業，14．席貸業，15．旅館業，16．料理店業その他の飲食店業，17．周旋業，18．代理業，19．仲立業，20．問屋業，21．鉱業，22．土石採取業，23．浴場業，24．理容業，25．美容業，26．興行業，27．遊技所業，28．遊覧所業，29．医療保健業，30．技芸教授又は学力の教授若しくは公開模擬学力試験を行う事業，31．駐車場業，32．信用保証業，33．無体財産権の提供等を行う事業，34．労働者派遣業。

　上記に掲げる事業であっても，それが公益社団法人・財団法人が行う公益目的事業に該当するものである場合，公益法人等が行う事業のうち身体障害者，生活扶助者，知的障害者，精神障害者，老人，寡婦などのためのもの等所定の要件を満たすものは，収益事業から除外されている（法令5②）。

■「代表者又は管理者の定めのある」人格なき社団・財団とは

　法人でない社団又は財団で代表者又は管理人の定めがあるものは，その名において訴え，又は訴えられることができる（民訴29）。相続税法の規定は訴訟当事者能力のある人格なき社団・財団を個人とみなしているわけである。

　人格なき社団について判例は，「団体としての組織をそなえ，多数決の原則が行なわれ，構成員の変更にもかかわらず団体そのものが存続し，その組織によつて代表の方法，総会の運営，財産の管理その他団体としての主要な点が確定しているものでなければならない」としている（最判昭和39年10月15日民集18巻8号1671頁）。「権利能力なき財団」については，「個人財産から分離独立した基本財産を有し，かつ，その運営のための組織を有していること」を必要とするとしている（最判昭和44年11月4日民集23巻11号1951頁）。

(3)　持分の定めのない法人が個人から贈与を受けたとき

　持分の定めのない法人（持分の定めのある法人で持分を有する者がないものを含む。以下同じ。）は，特定の場合に個人とみなされ贈与税の納税義務者となる（相法66④⑥）。特定の場合とは，贈与者等の親族その他これらの者と特

図表Ⅰ-5　持分の定めのない法人が贈与税の納税義務者となる場合の具体例図

贈与者の親族及び同族関係者らの贈与税等が不当に減少する結果となると認められるときは,「持分の定めのない法人」を個人とみなして,贈与税を課税(法人税等は控除)。

(出典:『平成20年改正税法のすべて』P458)

別の関係がある者の贈与税,相続税の負担が不当に減少する結果となると認められるときをいう(相法66④⑥,相令33③④)。持分の定めのない法人を設立するために財産の提供があった場合についても同様の取扱いとなる(相法66④)。

　個人が持分の定めのない法人に対し財産を贈与したり,設立資金を贈与した場合には,持分の定めのない法人は法人税の納税義務者であるから,原則として贈与税が課税されることはない。この仕組みを利用して,個人が私的に支配している持分の定めのない法人に贈与を行い,贈与された法人の財産を贈与者の親族や特別関係者が私的に利用するなど法人から特別の利益を受けることができるようにして実質的に相続税や贈与税の租税回避を行うことが可能である。このようなことに鑑み,贈与者等の親族その他特別関係者の贈与税,相続税が不当に減少するときは持分の定めのない法人を個人とみなして贈与税を課税することとされている(昭和39直審(資)24「12」)。

　相続税法で,持分の定めのない法人が個人とみなされるときは,相続税が課税されるが,(相続税法で個人とみなされたときも)法人格を有することに変わりはないので,遺贈資産は時価で譲渡されたものとみなされる(所法59①)。含み益のある資産ならば譲渡所得課税の対象となる(P66参照)。

① **持分の定めのない法人とは**

　持分の定めのない法人とは，一般社団法人，一般財団法人，持分の定めのない医療法人，学校法人，社会福祉法人，更生保護法人，宗教法人など残余財産の分配請求権や払戻請求権がない法人や，定款等に社員等が残余財産の分配請求権や払戻請求権を行使することができる旨の定めはあるが，そのような社員等が存在しない法人をいう。法人税法2条6号に規定する公益法人等も持分の定めのない法人に含まれる。

② **不当に減少する結果と認められるときとは**

　贈与者等の親族その他これらの者と特別の関係がある者の贈与税，相続税の負担が不当に減少する結果となると認められるときとは，持分の定めのない法人に対する財産の贈与又は遺贈があった場合に，贈与又は遺贈の時において，法人の役員等の構成・機能，収入・支出の経理，財産の管理状況，解散のときの残余財産の帰属，その他の定款・寄附行為の定め等からみて，贈与者・遺贈者又はその同族関係者が提供又は贈与された財産を私的に支配し，その使用，収益を事実上享受し，あるいはその財産が最終的にこれらの者に帰属するような状況にあるときをいう。財産の贈与や遺贈がない場合に比べ，同族関係者らの相続税又は贈与税の負担が減少する結果となるといい得れば足りる。結果的にいかなる者にどれほどの贈与税等の負担の減少をきたしたかを確定する必要はないとされている（昭和49.9.30東京地裁，税資76号906頁）。相続税法施行令33条3項は，次の適正要件を欠く場合と定めている。

　イ　運営組織が適正であり，特定の一族の支配を受けていないこと

　ロ　贈与者，設立者，役員等に特別の利益を与えないこと

　ハ　法人が解散したときに，残余財産を国等に寄附する旨の定めが定款等にあること

　ニ　法令違反，公益に反する事実がないこと

　上述のイ運営組織が適正であること及びロ特別の利益を与えないことの2点につき，通達には詳細な規定を置いている（個別通達：昭和36年6月9日付直審（資）24・直資77・平成20年7月8日付課資2-8改正「贈与税の非課税財産（公益を目的とする事業の用に供する財産に関する部分）及び公益法人に対

して財産の贈与等があった場合の取扱いについて（以下，「昭和39直審（資）24」という）。

　ところで，この不当減少要件は，<u>上記４つの要件全てを満たしている場合には不当減少がない</u>ものとしており，どのような場合に不当減少に該当するかを定めたものではない。そこで，一般社団法人及び一般社団法人（以下「一般社団法人等」という）が平成30年４月１日以後に贈与により取得する財産に係る贈与税又は同日以後に遺贈により取得する財産に係る相続税については，平成30年度税制改正により，<u>次に掲げる要件のいずれかが満たされないときに</u>，贈与税又は相続税の負担が<u>不当減少する結果となる</u>と定めた（相令33④）。

ホ　課税時の定款に次の定めがあること
　（イ）　役員等の数に占める特定の親族の割合がいずれも３分の１以下とする旨の定め
　（ロ）　法人が解散したときに，その残余財産が国等に帰属する旨の定め
ヘ　課税時前３年以内にその一般社団法人等に係る贈与者等に対し，財産の運用及び事業の運営に関する特別の利益を与えたことがなく，かつ，課税時における定款において贈与者に対し特別の利益を与える旨の定めがないこと
ト　課税時前３年以内に国税又は地方税について重加算税又は地方税の規定による重加算金を課されたことがないこと

相続税法施行令33条３項と４項の関係

チ　一般社団法人等以外の持分の定めのない法人について
　　従来どおり相続税法施行令33条３項によって不当減少要件の該当性を判定する
リ　一般社団法人等について
　　相続税法施行令33条４項によって不当減少要件の該当性を判断し，一つでも該当すると不当減少に該当するものと判断する。同項の要件を全て満たした場合には，同条３項の規定による不当減少要件の該当性の判定を行い，全て満たしていれば，不当減少に該当しないものとされる。

図表Ⅰ-6　持分の定めのない法人が贈与税の納税義務者となるとき

		原則：法人税の納税義務者
右の場合、贈与税の納税義務者となる	適正要件	■法令：贈与者等の親族その他これらの者と特別の関係のある者の贈与税，相続税の負担が不当に減少する結果となると認められるとき（相法66④⑥） ●一般社団法人等のスタート↓ 施行令：不当に減少する結果となるときとは，次の要件のいずれかを満たさない場合をいう（相令33④） ①　課税時の定款に次の定めがあること 　a　役員等の数に占める特定の親族の割合がいずれも3分の1以下とする旨の定め 　b　法人が解散したときに，その残余財産が国等に帰属する旨の定め ②　贈与者等に対し，財産の運用及び事業の運営に関する特別の利益を与えたことがなく，かつ，与える旨の定めがないこと ③　課税時前3年以内に国税又は地方税について重加算税又は重加算金を課されたことがないこと ●一般社団法人等以外のスタート↓ 施行令：不当に減少する結果となるときとは，次の適正要件から外れた運営組織や事業運用がなされた場合をいう（相令33③） ①　運営組織が適正であり，特定の一族の支配を受けていないこと ②　贈与者，設立者，役員等に特別の利益を与えないこと ③　法人が解散したときに，残余財産を国等に寄附する旨の定めが定款等にあること ④　法令違反，公益に反する事実がないこと ★通達：**運営組織が適正であること**とは，贈与のあった時だけでなく将来においても運営組織が適正でなければ組織が私的に支配され，贈与，相続税の負担が不当に減少する結果となるとの観点から，①定款，寄附行為，規則などに理事及び監事の定数，理事会及び社員総会の定足数など一定の事項が定められていること（注），②事業運営及び役員等の選任等が定款等に基づき適正に行われていること及び③事業が社会的存在として認識される程度の規模を有していることであり，**特別の利益を与えること**とは，贈与等をした者，法人の設立者，社員若しくは役員等及びこれらの親族，特殊関係者，同族法人等一定の範囲の者が法人所有財産の私的利用，余裕金の運用，有利な条件での金銭の貸付，無償又は低廉譲渡などをすることとされている（昭和39直審（資）24．資産課税課情報第14号）。 （注）通達は持分の定めのない法人を次の三類型に分け，必要的定款記載事項を詳細に定めている。 　①　一般社団法人 　②　一般財団法人 　③　学校法人，社会福祉法人，更生保護法人，宗教法人その他の持分の定めのない法人

図表Ⅰ-7　不当減少要件の判定のフローチャート

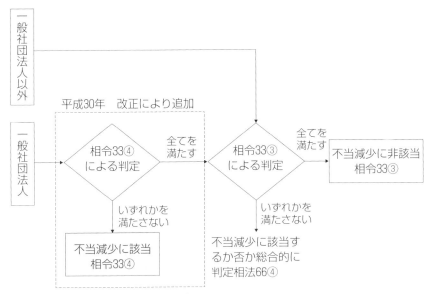

(参考:『平成30年改正税法のすべて』P578)

ヌ　相続税法施行令33条3項の要件に一つでも該当しない場合には，相続税法66条4項の不当減少に該当するか総合的に判断することになる。相続税法66条4項の要件も全て満たせば課税されないことになるが，この要件には時期や行為からの年数が明記されていないので，相続税法施行令33条4項の要件を満たしていても相続税法施行令33条3項の要件を満たさず，税務署長の判断によっては相続税法66条4項の不当減少に該当するものとして課税される可能性もある。

これらを図示すると，図表1-6，1-7となる。

③　一般の篤志家からの贈与等があった場合の判定について

　財産の贈与等（寄附）の中には，財産の贈与等を受ける法人の運営と全く関係のない篤志家からなされるものもあり，このような場合には，その法人からその贈与をした篤志家に特別の利益を与えることはおよそ考えられない。

そこで，次の要件を２つとも具備している場合は，適正要件の「運営組織が適正であり，特定の一族の支配を受けていないこと」を満たさないときであっても，他の要件を全て満たしているときは，「相続税又は贈与税の負担が不当に減少する結果となると認められるとき」に該当しないものとして取り扱うこととされている（昭和39直審（資）24，平成20年７月５日：資産課税課情報14号）。

- ・贈与者が贈与を受けた法人の理事，監事，評議員その他これらの者に準ずるもの及びこれらの者の親族と贈与者間には親族関係等の特殊関係がない場合であり，
- ・これらの者が，法人の財産の運用及び事業の運営に関して私的に支配している事実がなく，将来も私的に支配する可能性がないと認められる場合

④　**公益事業用財産の贈与税の非課税規定の不適用について**

持分の定めのない法人が個人とみなされるときとは，事業運営が特定の者や一族の支配に服し，特別関係者に特別の利益を与える場合に該当している場合である。したがって，同様の欠格事由を定める「公益事業用財産の贈与税の非課税規定」の適用要件に該当する余地はない（相法21の３①３，昭和39直審（資）24）。

⑤　**判定の時期等**

相続税法66条４項《持分の定めのない法人に対する課税》の規定を適用すべきかどうかの判定は，贈与等の時を基準としてその後に生じた事実関係をも勘案して行うのであるが，贈与等により財産を取得した法人が，財産を取得した時には適正要件を満たしていない場合においても，当該財産に係る贈与税の申告書の提出期限又は更正若しくは決定の時までに，当該法人の組織，定款寄附行為又は規則を変更すること等により同項各号に掲げる要件を満たすこととなったときは，当該贈与等については法66条４項の規定を適用しないこととして取り扱われる（昭和39直審（資）24「17」）。

第Ⅰ章　贈　与　　17

図表Ⅰ-8 贈与税の納税義務者一覧表

贈与者	受贈者	所得に対する課税	贈与税の納税義務者に該当するか	その他
個人	個人	受贈益は所得税の課税対象とならない（所法9①十六）	○贈与税の納税義務者である	－
	法人	法人税を課税	×贈与税の納税義務者とはならない	受贈益による株価上昇分の経済的利益に対し，株主に対し贈与税を課税（相法9，相基通9-2）
	代表者又は管理者の定めのある人格なき社団・財団 （例）同窓会・自治会・PTAなど	原則非課税（34種類の収益事業から生ずる所得に対し課税）	○無条件に個人とみなされ贈与税の納税義務者となる	－
	持分の定めのない法人	原則非課税（34種類の収益事業から生ずる所得に対し課税）	原則×，例外○ <u>贈与税の親族その他これらの者と特別の関係がある者の相続税又は贈与税の負担が不当に減少する結果と認められるときは，個人とみなされ贈与税の納税義務者となる（相法66④⑥，相令31①③④）</u>	左の規定の適用がある場合を除き，持分の定めのない法人（その施設の利用，余裕金の運用，解散した場合における財産の帰属等について設立者，社員，理事，監事若しくは評議員，その法人に対し贈与若しくは遺贈をした者など（注）に対して特別の利益を与えるものに限る。）に対して財産の贈与又は遺贈があった場合には，その財産の贈与又は遺贈があった時において，その法人から特別の利益を受ける者が，その財産の贈与又は遺贈により受ける利益の価額に相当する金額をその財産を贈与又は遺贈した者から贈与又は遺贈により取得したものとみなして相続税又は贈与税を課税することとされている（相法65）。 （注）これらの者の親族その他これらの者と特別の関係がある者を含む。

特別の法人から受ける利益に対する贈与課税

　資産家Xが持分の定めのない法人にマンションを贈与又は遺贈し、贈与者の友人である法人の理事Aが、受贈したマンションを理事宅として私的に利用している場合、理事Aはマンションの家賃に相当する経済的利益の額を贈与者又は遺贈者から贈与又は遺贈されたものとして贈与税又は相続税が課税される（相法65）。

　理事Aが資産家Xの親族や事実上婚姻関係と同様の事情にある者である場合には、持分の定めのない法人は個人とみなされ贈与税又は相続税の納税義務者となる（相法66④）。

　前者が一般規定、後者が特別規定である。
　形式的には個人が法人に対して贈与又は遺贈を行った場合でも、その法人が特定の個人に特別の利益を与えるような法人であれば、実質的には（法人を通じ）その特定の個人に贈与又は遺贈がなされたと同視することができる。それにもかかわらず贈与税や相続税の課税が一切行われないと著しく課税の公平を損なうおそれがある。
　個人が営利法人に贈与を行った場合は、営利法人は贈与を受けた財産の時価で受贈益を計上し法人税等を納税する。さらに、営利法人が特定の個人に利益を供与した場合には、利益を受けた個人に対し、（法人との関係に応じ）一時所得、認定賞与、給与等の課税が行われる。法人に対する贈与の結果・法人の株価が上昇すると贈与者から株主に対する贈与課税が行われる。
　問題は持分の定めのない法人である。持分の定めのない法人は、持分を持つ者がいないので、いわば「誰のものでもない法人」である。持分の定めのない法人の設立者や出資者は出資持分を取得しないので出資者としては法人に対し影響力を行使することができない。しかしながら、設立者や出資者などは自ら理事や監事などの役員となり、管理運営上、法人を私的に支配し私益のために

第Ⅰ章 贈与 19

利用することは不可能ではない。資産家が持分の定めのない法人にマンションを贈与又は遺贈し，贈与者の子どもや友人である法人の理事が，受贈したマンションを理事宅として私的に利用することなどが可能である。このように特定の贈与を原因として持分の定めのない法人から特別の利益を得ている者は特別の利益（この場合はマンションの家賃に相当する額）を贈与者又は遺贈者から贈与又は遺贈されたものとして贈与税又は相続税の納税義務を負わせることが合理的である。このことを規定したのが相続税法65条である。

　相続税法65条は，個人が持分の定めのない法人のうち「その施設の利用，余裕金の運用，解散した場合における財産の帰属等について①設立者，②社員，③理事，④監事若しくは⑤評議員，⑥その法人に対し贈与若しくは遺贈をした者など（注1）に特別の利益を与えるものに対して財産の贈与又は遺贈を行った場合に，相続税法66条4項の規定の適用がある場合を除くほか（注2），その財産の贈与又は遺贈があった時において，その法人から特別の利益を受ける者が，その財産（注3）の贈与又は遺贈により受ける利益の価額に相当する金額をその財産を贈与又は遺贈した者から贈与又は遺贈により取得したものとみなして相続税又は贈与税を課税することと規定している。

（注1）特別の利益を与える対象者は，①～⑥の親族その他①～⑥と特別の関係がある者を含む。特別の関係がある者とは，個人と婚姻届出はしていないが事実上婚姻関係と同様の事情にある者及びその者の親族で生計を一にしているもの（内縁の妻又は夫とその同居の親族）や，個人の使用人及び使用人以外の者でその個人から受ける金銭その他の財産によって生計を維持しているもの並びにこれらの者の親族でこれらの者と生計を一にしているものをいう。

（注2）贈与者の親族・特殊関係者に対し特別の利益を与える場合には，66条4項の「不当減少」要件に該当する場合がある。贈与者の親族・特殊関係者以外の者（法人の設立者，社員，理事，監事，評議員，これらの者に準ずる者）に対し特別の利益を与える場合は66条4項の規定の適用はないが，特別の利益を受ける者に対して65条の規定が適用される（昭和39直審（資）24「19」）。

（注3）公益事業用相続税非課税財産（相法12①三）及び公益事業用贈与税非課税財産（相法21の3①三）を除く。ただし，これらの非課税財産は，取得した公益事業を営む持分の定めのない法人が取得の日から2年以内に公益の用に供しなかった場合には，本条の対象として取り込むこととなる（相法65②）。

贈与により受ける利益の価額とは，贈与等によって法人が取得した財産の価額によるのではなく，法人に対する財産の贈与に関して法人から特別の利益を受けたと認められる者が法人から受けた特別の利益の実態により評価する（昭和39直審（資）24「20」）。

　さらに相続税法66条4項は，持分の定めのない法人に贈与があった場合に「贈与者等の親族その他これらの者と特別の関係がある者の贈与税，相続税の負担が不当に減少する結果となると認められるとき」は，持分の定めのない法人を個人とみなして贈与税を課税することとしている（相法66④⑥，相令31①）。**不当に減少する結果**となると認められるときとは，相続税法施行令33条3項，特定の一般社団法人等については同4項の適正要件を欠くときであり，「贈与者・遺贈者又はその同族関係者が持分の定めのない法人に提供または贈与された財産を私的に支配し，その使用・収益を事実上享受し，あるいはその財産が最終的にこれらの者に帰属するような状況にあるときをいう（昭和49.9.30東京地裁，税資76号906頁，令33，昭和39直審（資）24）」とされている。持分の定めのない法人を個人みなして贈与税を課税する66条と持分の定めのない法人を通じて得た利益を課税対象とする65条は，「法人から利益を享受する」という要件において重複するので65条は適用要件に「66条の規定の適用がある場合を除くほか」と規定している。

図表Ⅰ－9 　相続税法65条と66条4項との関係

持分の定めのない法人の関係者・贈与者，その親族・特殊関係者のうち，持分の定めのない法人から特別の利益を得る者がある場合（相法65）
☞特別の利益を得たことに対し贈与税を課税する。

> 持分の定めのない法人に対し贈与又は遺贈をした者の親族・特殊関係者の贈与税又は相続税の負担が不当に減少する結果となると認められるとき（相法66④）
> ☞持分の定めのない法人を個人とみなして贈与税又は相続税を課税する。

65条は贈与者・遺贈者の関係者だけでなく，設立者や理事等の役員，理事や役員の親族なども対象に入れて法人から受ける利益（法人を利用し，贈与者・遺贈者から間接的に受ける利益）に対し贈与又は遺贈を受けたものとして課税する。これと異なり，66条は贈与者の親族・特殊関係者に対し特別の利益を与えるにとどまらず，持分の定めのない法人に提供された財産を私的に支配するなどして贈与税・相続税の負担が不当に減少する結果となる場合には持分の定めのない法人を個人とみなして贈与税又は相続税を課税するとし，課税方法も異なるが課税要件として利益を受ける者の範囲が贈与者・遺贈者の親族等に限定されている。65条が一般規定，66条は65条の特別規定ということができる。

図表Ⅰ-10 持分の定めのない法人から受ける利益に対する贈与税概要図（相法65①，相令32）

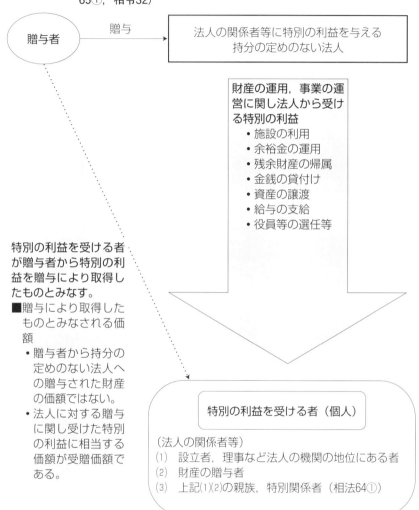

第Ⅰ章 贈 与　23

④　贈与税の無制限納税義務者と制限納税義務者

　ニューヨークに住んでいるロックフェラーが東京に所有する100億円のビル
をロンドンに住んでいる長男のロックフェラー・ジュニアに贈与すると，贈与
を受けたジュニアは日本の税務署に贈与税の申告を行わなければならない。こ
の場合，ジュニアは納税地を定めて，納税地の所轄税務署長に申告することが
できる（相法62②）。ジュニアが申告しない場合，国税庁長官が指定した納税
地の所轄税務署長が贈与税の決定通知書をジュニアに送達することとなる（相
法62②）。贈与者も受贈者も日本に住んだこともなく，外国籍であっても，贈
与財産が我が国の相続税の法施行地内にあれば，受贈者は贈与税の納税義務者
となるのである（制限納税義務者）。このように，納税義務者の定義において
は，人の住所だけでなく物の所在地も重要となる。

　贈与税の納税義務者は，相続税法の施行地（以下，この節において「日本国
内」という。）にある財産の贈与を受けた場合だけ納税義務者になる**制限納税
義務者**（居住制限納税義務者（相法1の4①三）及び非居住制限納税義務者（相法
1の4①四））と，海外にある財産の贈与を受けた場合にも納税義務者となる
無制限納税義務者（居住無制限納税義務者（相法1の4①一）及び非居住無制
限納税義務者（相法1の4①二））の2つに分けることができる（全世界課税）。

　従来，無制限納税義務者とは，贈与（死因贈与を除く）により財産を取得し
たときに法施行地内に住所を有している者をいうとされていたので，外国に居
住する子どもに対し国外財産を贈与する場合に子どもは贈与税の納税義務者と
ならないこととなる。この仕組みを利用し多額の租税回避を行おうとする事例
が頻発した。

　このような事態に対処するため，平成12年度，平成25年度の税制改正で無制
限納税義務者の範囲を拡大し，平成29年度の税制改正で課税の厳格化が行われ
た一方，日本に居住する一定の在留資格者には国外財産に相続税を課税しない
緩和措置が設けられ，平成30年度の税制改正では，一時的に国外に住所を移し
た後に贈与を行う場合を除き，外国人に係る出国後の贈与について，原則国外

財産を贈与税の対象とはしないこととした。

平成30年4月1日以後の贈与税の納税義務者は以下のとおりである。

図表 I－11 贈与税の納税義務者

贈与者 ＼ 受贈者	国内に住所あり		国内に住所なし		
		一時居住者	日本国籍あり		日本国籍なし
			10年以内に国内に住所あり	10年以内に国内に住所なし	
国内に住所あり	居住無制限納税義務者	居住制限納税義務者	非居住無制限納税義務者	非居住制限納税義務者	
一時居住贈与者	居住無制限納税義務者	居住制限納税義務者	非居住無制限納税義務者	非居住制限納税義務者	
国内に住所なし 10年以内に国内に住所あり（非居住外国人）	居住無制限納税義務者	居住制限納税義務者	非居住無制限納税義務者	非居住無制限納税義務者	非居住制限納税義務者（経過措置）
非居住贈与者 日本国籍なく15年以内で国内住所10年以下	居住無制限納税義務者	居住制限納税義務者	非居住無制限納税義務者	非居住無制限納税義務者	非居住制限納税義務者（経過措置）
非居住贈与者 10年以内に国内に住所なし	居住無制限納税義務者	居住制限納税義務者	非居住無制限納税義務者	非居住無制限納税義務者	非居住制限納税義務者（経過措置）

1 **居住無制限納税義務者**とは，贈与により財産を取得した次の者であって，当該財産を取得したときにおいて日本国内に住所を有するもの（相法1の4①一）。

(1) 一時居住者でない個人

(2) 一時居住者である個人（贈与者が一時居住贈与者又は非居住贈与者である場合を除く。）

2 **非居住無制限納税義務者**とは，贈与により財産を取得した次に掲げる者であって，当該財産を取得したときにおいて日本国内に住所を有しないもの（相法1の4①二）。

(1) 日本国籍を有する個人であって次に掲げるもの

　イ 贈与前10年以内のいずれかの時において日本国内に住所を有していたことがあるもの

　ロ 贈与前10年以内のいずれの時においても日本国内に住所を有していたことがないもの（贈与をしたものが一時居住贈与者又は非居住贈与者で

ある場合を除く。）

(2) 日本国籍を有しない個人で当該贈与をした者が一時居住贈与者又は非居住贈与者である場合を除く。（相法1の4①二）。

3　**居住制限納税義務者**とは，贈与により日本国内にある財産を取得した個人で当該財産を取得したときにおいて日本国内に住所を有するもの（上記1に掲げる者を除く。）（相法1の4①三）。

4　**非居住制限納税義務者**とは，相続又は遺贈により日本国内にある財産を取得した個人で当該財産を取得した時において日本国内に住所を有しないもの（上記2に掲げる者を除く。）（相法1の4①四）。

なお，以上における一時居住者，一時居住贈与者及び非居住贈与者の意義は，以下のとおり定められている（相法1の4③）。

一時居住者　　　贈与の時において在留資格を有する者であって贈与前15年以内において日本国内に住所を有していた期間の合計が10年以下であるものをいう。

一時居住贈与者　贈与の時において在留資格を有し，かつ，日本国内に住所を有していた贈与をした者であって贈与前15年以内において日本国内に住所を有していた期間の合計が10年以下であるものをいう。

非居住贈与者　　贈与の時において日本国内に住所を有していなかった贈与をした者であって次に掲げるものをいう。

　　　　1　その贈与前10年以内のいずれかの時において日本国内に住所を有していたことがあるもののうち，その贈与前15年以内において，日本国内に住所を有していた期間の合計が10年以下であるもの（当該期間引き続き日本国籍を有していなかったものに限る。）

　　　　2　贈与前10年以内のいずれの時においても日本国内に住所を有していたことがないもの

※1　平成29年4月1日から令和4年3月31日までの間に，日本国内に住所及び日本国籍を有しない者（上記2(2)）が，平成29年4月1日から贈与の

時まで引き続き日本国内に住所及び日本国籍を有しない者（すなわち，平成29年4月1日までに日本を出国した外国人で引き続き日本に住所を有しない者（非居住外国人））から贈与により取得した国外財産に対しては，贈与税は課されない。（改正法附則31②）。

※2　住所とは，生活の本拠をいう（民22）。生活の本拠であるか否かは，客観的事実によって判定する（相基通1の3・1の4共－5）。客観的事実，すなわち住居，職業，国内において生計を一にする配偶者その他の親族を有するか否か，資産の所在地等に基づき判断する（同旨：最判昭63.7.15）。「住所とは，反対解釈をすべき特段の事由はない以上，生活の本拠，すなわち，その者の生活に最も関係の深い一般生活，全生活の中心を指すものであり，一定の場所がある者の住所であるか否かは，客観的に生活の本拠たる実体を具備しているか否かにより決すべきものと解するのが相当である（武富士事件　最判平成23年2月18日判決）」。

※3　国外勤務者等の住所の判定（相基通1の3・1の4共―6）

　日本の国籍を有している者又は出入国管理及び難民認定法（昭和26年政令第319号）別表第二に掲げる永住者については，その者が相続若しくは遺贈又は贈与により財産を取得した時において法施行地を離れている場合であっても，その者が次に掲げる者に該当する場合（その者の住所が明らかに法施行地外にあると認められる場合を除く。）は，その者の住所は，法施行地にあるものとして取り扱うものとする（昭57直資2－177追加，平2直資2－136，平15課資2－1改正）。

⑴　学術，技芸の習得のため留学している者で法施行地にいる者の扶養親族となっている者

⑵　国外において勤務その他の人的役務の提供をする者で国外における当該人的役務の提供が短期間（おおむね1年以内である場合をいうものとする。）であると見込まれる者（その者の配偶者その他生計を一にする親族でその者と同居している者を含む。）

　（注）その者が贈与により財産を取得した時において法施行地を離れている場合であっても，国外出張，国外興行等により一時的に法施行地

第Ⅰ章 贈 与　27

を離れているにすぎない者についてはその者の住所は法施行地にあることとなるのであるから留意する。

※4　相続税法の施行地とは，相続税法が施行されている地理的範囲のことであり，本州，北海道，四国，九州及びその附属の島（当分の間，は歯舞群島，色丹島，国後島及び択捉島を除く。）をいう（相法附則2，相令附則2）。

※5　住所の所在，日本国籍の有無などは，財産取得の時を基準として判定する。

平成30年度の税制改正により複雑となった贈与税の納税義務者であるが，日本国籍を有する人にのみ焦点をあてれば，以下のとおり単純である。

図表Ⅰ－12　贈与税の納税義務者・課税財産の範囲（日本国籍を有する人）

受贈者＼贈与者		国内に住所あり	国内に住所なし	
			10年以内に国内に住所あり	10年以内に国内に住所なし
国内に住所あり		居住無制限納税義務者（全世界財産課税）	非居住無制限納税義務者（全世界財産課税）	
	10年以内に国内に住所あり			
国内に住所なし	非居住贈与者　10年以内に国内に住所なし			非居住制限納税義務者（国内財産課税）

図表Ⅰ-13 贈与税納税義務者の判定表（平成30年4月1日以降）
○ 財産取得の時を基準として判定

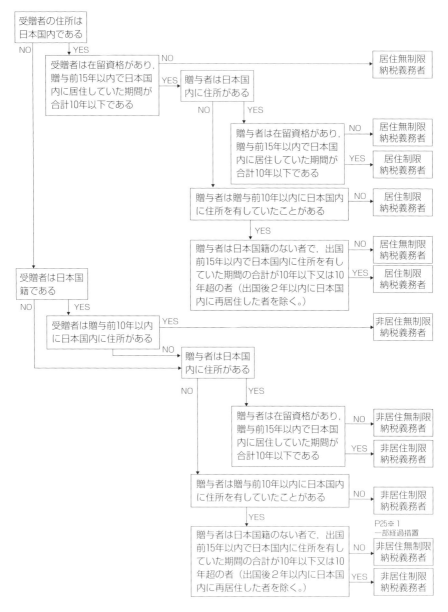

第Ⅰ章 贈 与 29

5　FATCA，Form3520，Form1040，Form8938，FinCEN Form114
　　日本居住の祖父Aから，米国で生まれた二重国籍で米国居住の孫Bに，B
が開設した日本国内にある銀行口座bへAが所有している日本国内にある銀
行口座aから1億円を振込により贈与した場合の各種課税等は以下のとおり
である。
⑴　米国の税法である外国口座コンプライアンス法（Foreign Account Tax
　　Compliance Act（略称FATCA））は，米国に国籍や永住権がある者など
　　が米国以外の金融機関の口座を利用して米国の税を逃れることを防止する
　　ため，このような口座の情報等を米国内国歳入庁（Internal Revenue
　　Services（略称IRS））へ報告する義務を米国以外の金融機関に課している
　　ため，米国籍を持ち米国に居住するBが所有するb口座預金情報はIRSに
　　送られる。
⑵　各種課税等
　　①　日本では，贈与税は受贈者に対して課されるため，非居住無制限納税
　　　義務者となるBは，贈与税の納税義務を負う。
　　②　一方米国では，贈与税は贈与者に対して課されるため，米国非居住外
　　　国個人であるAには課されないし，Bにも贈与税は課されないが，米国
　　　非居住外国個人であるAから1億円の贈与を受けたBは，贈与を受けた
　　　翌年4月15日までに贈与報告書（Form3520）をIRSに提出する義務を
　　　課される（米国非居住外国個人から年間に10万ドル以上贈与を受けた米
　　　国に国籍や永住権がある者などが対象）。
　　　　更に，米国外国に一定の残高を超える金融資産を有することになるB
　　　には，日本でいうところの所得税確定申告書（Form1040）と共に特定
　　　外国金融資産報告書（Form8938）をIRSに提出（贈与を受けた翌年4
　　　月15日が期限）しなければならない。
　　③　別途，海外の金融機関に金融資産を保有する米国市民等は，前年中に
　　　おいて合計最高残高が1万ドルを超えた場合に，米国の銀行秘密法に基
　　　づき，米国財務省の一部門であるFinancial Crime Enforcement
　　　Network（金融犯罪取締執行ネットワーク（略称FinCEN）に対して金

融資産報告書（FinCEN Form114 / 2012年まではForm TD F90-22.1）
を贈与の翌年4月15日までに提出（2016年度分から締め切りが6月30日
から4月15日へ変更）しなければならないことから，Bはこれを提出し
なければならない。

(3) 以上のように，米国ではBに贈与税は課されないが米国以外にあ　る資
産を報告する制度が存在し，これらの提出を怠っているとペナルティーが
課される。

第Ⅰ章 贈 与　31

⑤ 相続税の連帯納付義務者が立て替えた相続税相当額について贈与税課税が行われるか

　同一の被相続人から相続又は遺贈により財産を取得した個人間には相互に連帯納付義務がある（相法34①）。相続人の1人が相続税を納付しないときや，相続財産が不動産ばかりで金銭納付することができない場合に，連帯納付義務者である他の相続人が相続税を立替納付することがある。この場合，実務上，立替納付した相続税相当額について贈与税課税が行われるかという問題が生ずる。立替納付があっても，本来の納付義務者が資力喪失の状態にあるときは，贈与税は課税されない（相法8，相基通8－1，8－3，8－4）。

　本来の納付義務者が資力喪失の状態にない場合であっても，立替納付が直ちに本来の納税義務者に対する贈与とはならない。連帯納付義務者が求償権を放棄したとき（積極的に放棄していなくても，明らかに求償権を行使しないと認められる場合を含む。）に贈与があったものとして取り扱うこととされている[4]（相基通34－3（注），8－3）。

　立替納付した者が死亡し，相続が開始した場合には，立替納付金相当額は，本来の納税義務者に対する貸付金として遺産に計上することが必要となる。

（4）野原　誠　編　『相続税法基本通達逐条解説　（平成27年版）』P485。

⑥ 扶養義務者相互間において生活費又は教育費に充てるための贈与（相法21の3①二）

　扶養義務者相互間における生活費や教育費は日常生活に必要な費用であり，通常必要と認められるものについては非課税である（相法21の3①二）。

1　扶養義務者とは，配偶者及び民法877条《扶養義務者》に規定する直系血族，兄弟姉妹並びに家庭裁判所の審判を受けて扶養義務者となった三親等内の親族をいうが，これらの者のほか，三親等内の親族で生計を一にする者については，家庭裁判所の審判がない場合であってもこれに該当する。扶養義務者であるか否かは，贈与の時点で判定する（相基通1の2－1）。

2　「通常必要と認められるもの」とは，被扶養者の需要と扶養者の資力その他一切の事情を勘案して社会通念上適当と認められる範囲の財産をいう（相基通21の3－6）。具体的には，生活費又は教育費として必要な都度，直接これらの費用に充てるために贈与された財産をいう。生活費又は教育費の名義で取得した財産を貯蓄したり，株式や不動産等の資産を取得したりしたような場合は，通常必要と認められるもの以外のものとして取り扱われる（相基通21の3－5）。

3　財産の果実だけを生活費又は教育費に充てるために財産の名義変更があった場合は，名義変更があった時に，その財産を贈与によって取得したものとする（相基通21の3－7）。

　扶養義務者が複数存在するときに，我が民法は「親がまず面倒をみるべきであり，親が面倒をみられないときに祖父母に頼みなさい」というような，優先順位をつけていない。親も祖父母も曾祖父母も扶養義務者としては同列とされている。この結果，裕福な息子を差し置いて，祖父母が孫の生活費や学費を援助しても，援助した金銭は，贈与税の課税価格に算入されない。

　ただし，将来の生活費や学費に充てる資金を前払いしたような場合には，この非課税規定の適用はない。通常の贈与として贈与税の課税対象となる。この例外規定として，教育資金の一括贈与の特例が平成25年4月に，また結婚・子

育て支援贈与の特例が平成27年4月に創設された。教育資金の一括贈与の特例は，贈与者が死亡した時に残高があってもその残高には相続税が課税されないが，一方，結婚・子育て支援贈与の特例は，贈与者が死亡した時に残高があれば残高を相続又は遺贈により取得したものとみなし相続税が課税される（注）。

（注）平成31年4月1日以後，信託等をした日から教育資金管理契約の終了の日までの間に贈与者が死亡した場合（その死亡の日において次のいずれかに該当する場合を除く。）において，受贈者が当該贈与者からその死亡前3年以内に信託等により取得した信託受益権等について教育資金の一括贈与の特例の適用を受けたことがあるときは，その死亡の日における残額を，当該受贈者が当該贈与者から相続又は遺贈により取得したものとみなすこととなる（平成31年4月1日前に信託等により取得した信託受益権等の価額は，上記残高に含まれない）。

　　　①　当該受贈者が23歳未満である場合
　　　②　当該受贈者が学校等に在学している場合
　　　③　当該受贈者が教育訓練給付金の支給対象となる教育訓練を受講している場合

　なお，離婚等（離婚又は認知をいう。以下，同じ。）があったような場合においては，離婚等に関して子の親権者又は看護者とならなかった父又は母から生活費又は教育費に充てるためのものとして，子が一括して取得した金銭等については，その額がその子の年齢，その他一切の事情を考慮して相当と認められる限り，通常必要と認められるものとして取り扱われる（平成27年版相続税法基本通達逐条解説P380，昭和57年6月30日直資5－4「離婚に伴い養育費が一括して支払われる場合の贈与税の取扱について」）。

⑦ 高度の公益事業のみ専念して行う個人及び高度の公益事業のみを目的事業として行う人格なき社団・財団に対する贈与に係る非課税財産規定

　個人が公益事業に賛同し，公益事業を行う者に贈与（寄附）を行ったときに受贈者に贈与税を課税すると，寄附の効果が薄くなり，民間人による公益事業の保護育成を阻害することとなる。公益事業とは不特定多数の者の利益に寄与する事業をいうが，不特定多数の者の利益に寄与するといっても，その内容（公益性・公共性）は千差万別である。相続税法は，宗教，慈善，学術その他高度の公益を目的とする事業を行う者で，事業の種類，規模及び運営からみて公益の増進に寄与することが著しいと認められる事業を行う者が贈与により取得した財産で，その高度の公益を目的とする事業の用に供することが確実なものは，贈与税の課税価格に算入しないこととしている。単に公益事業というだけでは，非課税要件を充足しない場合があるので注意が必要である（相法21の3①三，相令4の5・相令2・昭和39年6月9日付直審（資）24・直資77：贈与税の非課税財産》公益を目的とする事業の用に供する財産に関する部分《及び持分の定めのない法人に対して財産の贈与等があった場合の取扱いについて）。

　相続税法21条の3第1項3号で規定する公益を目的とする事業を行う者については，相続税法施行令4条の5で準用する同法2条に規定されている。そしてこの規定の具体的な取り扱いは，「贈与税の非課税財産（公益を目的とする事業の用に供する財産に関する部分）及び持分の定めのない法人に対して財産の贈与等があった場合の取扱いについて昭和39年6月9日付直審（資）24，直資77」（要旨及びその解説は後述）のとおりである。

　事業主体について，公益の増進に寄与する事業を行う者とは，公益事業のみを専念して行う者であるが，事業施設の利用，余裕金の運用など事業運営に関連し，関係者に対し特別の利益を与えているような場合は，高度の公益事業に

専念している場合でも，事業が私的に利用されている面も認められるため非課
税財産として扱われない（相令４の５，相令２）。
　また，社団等は，組織体であることに鑑み，組織体が一族支配されている場
合や特定の者に特別の利益を与えている場合には，社団等が高度の公益事業を
行っているといっても，事業が私的に利用されている面も認められるため非課
税財産とはならないとされている（相令４の５）。

　公益を目的とする事業を行う者とは，財産を取得した時を基準に判定するが，
財産取得の時においては該当する高度の公益事業を行っていない者でも，財産
取得の日の属する年の末日までに取得財産を高度の公益事業の用に供すること
により本条所定の公益事業を行うこととなった場合には適用が可能である。

　贈与を受けた財産は，公益を目的とする事業の用に供することが確実なもの
でなければならず，贈与を受けた日から２年を経過した日において高度の公益
事業の用に供していなければ非課税財産とはならない。本規定につき，法令解
釈通達は厳格解釈の立場に立ち，贈与を受けた財産を一度でも公益事業の用途
以外に供した事実があるときは，その後公益事業の用に供したとしても本規定
の適用はないことと解している。

　本規定の対象となる者は，贈与税の納税義務者である自然人又は社団等に限
られる。持分の定めのない法人は，贈与者の親族その他特別関係者の相続税又
は贈与税の負担を不当に減少する結果となる場合に限り，贈与税の納税義務者
となるが，公益事業を行う持分の定めのない法人が贈与税の納税義務者となる
ときは，同時に本規定の除外規定に抵触するため，受贈財産が非課税財産とな
ることはない。

**昭和39年６月９日付直審（資）24・直資77：贈与税の非課税財産（公益を目
的とする事業の用に供する財産に関する部分）及び持分の定めのない法人に対
して財産の贈与等があった場合の取扱いについて（要旨及び解説）**

1 公益の増進に寄与するところが著しいと認められる事業とは

公益の増進に寄与するところが著しいと認められる事業とは，公益を目的とする事業のうち，事業の種類，規模及び運営がそれぞれ次の⑴から⑶までに該当すると認められる事業をいう。

⑴ 事業の種類

① 公益社団法人及び公益財団法人の認定等に関する法律（平成18年法律第49号）2条4号《定義》に規定する公益目的事業

② 社会福祉法（昭和26年法律第45号）2条2項各号及び3項各号《定義》に掲げる事業

③ 更生保護事業法（平成7年法律第86号）2条1項に掲げる更生保護事業

④ 学校教育法（昭和22年法律第26号）1条《学校の範囲》に規定する学校を設置運営する事業

⑤ 育英事業

⑥ 科学技術に関する知識の普及又は学術の研究に関する事業

⑦ 図書館若しくは博物館又はこれらに類する施設を設置運営する事業

⑧ 宗教の普及その他教化育成に寄与することとなる事業

⑨ 保健衛生に関する知識の普及その他公衆衛生に寄与することとなる事業

⑩ 政治資金規正法（昭和23年法律第194号）3条《定義等》に規定する目的のために政党，政治団体の行う事業

⑪ 公園その他公衆の利用に供される施設を設置運営する事業

⑫ ①から⑪までに掲げる事業を直接助成する事業

⑵ 事業の規模

事業の内容に応じ，その事業を営む地域又は分野において社会的存在として認識される程度の規模を有しており，かつ，その事業を行うために必要な施設その他の財産を有していること。

第I章 贈 与　　37

(3)　事業の運営

①　事業の遂行により与えられる公益が，それを必要とする者の現在又は将来における勤務先，職業等により制限されることなく，公益を必要とするすべての者（やむを得ない場合においてはこれらの者から公平に選出された者）に与えられるなど公益の分配が適正に行われること。

②　公益の対価は，原則として無料（事業の維持運営についてやむを得ない事情があって対価を徴収する場合においても，その対価は事業の与える公益に比し社会一般の通念に照らし著しく低廉）であること。

2　専ら公益の増進に寄与するところが著しい事業を行う者

(1)　個人の場合

専ら公益の増進に寄与するところが著しいと認められる事業を行う者とは，その者が個人である場合には公益の増進に寄与するところが著しいと認められる公益事業のみを専念して行う者をいう（昭55直資2－182改正）（相令2（相令4の5において準用））。

なお，公益事業を行う者が次の者に対しその事業に係る施設の利用，余裕金の運用その他その事業に関し特別の利益を与えるような場合は，公益事業を行っているといっても，その事業を私的に利用している面も認められるため非課税財産として扱わない旨定められている（相令4の5，相令2ただし書き）。

①　その者に当該財産の贈与をした者

②　その者

③　これらの者の親族

④　これらの者と特別の関係がある者

これらの者と特別の関係がある者とは，①内縁関係にある者及びその者の親族で生計を一にしている者，②使用人及び使用人以外の者で当該個人から生計を見てもらっている者並びにそれらの親族で生計を一にしている者をいう（相令31）。

特別の利益を与えることとは，次のような場合をいう。

⑤　これらの者が役務を提供し，又はこれらの者の財産を公益事業に提供し

ている等の有無に関係なく，高度の公益事業に係る金銭その他の財産の支
給を受けていること。

⑥　これらの者が高度の公益事業に係る余裕金を生活資金に利用し，又はその施設を居住の用に供している等これらの財産を無償又は有償で利用していること。

⑦　これらの者が利息の有無に関係なく，高度の公益事業に係る金銭の貸付けを受けていること。

⑧　これらの者が対価の有無に関係なく，高度の公益事業に係る資産を譲り受けていること。

(2)　公益事業を行う者が社団等である場合

　公益事業を行う者で財産の寄贈を受け，贈与税の納税義務者となる者は個人に限られない。社団等が贈与を受けた場合は，相続税法では個人とみなされ贈与税の納税義務を負う（相法66）。これらの社団等が受贈者となるときは（贈与を受けた財産が非課税財産となるためには）公益の増進に寄与するところが著しいと認められる公益事業（高度の公益事業）のみをその目的事業として行う社団等でなければならない（相法21の3①三，昭39直審（資）24「3」）。

　受贈者である社団等が次のとおり一族支配されていたり，施設の利用，余裕金の運用など事業運営に関連し，関係者に対し特別の利益を与えているような場合は社団等が高度の公益事業を行っているといっても，事業が私的に利用されている面も認められるため非課税財産として扱わない旨定められている（相令4の5，相令2ただし書き）。

①　当該社団等の役員その他の機関の構成，その選任方法その他その人格のない社団等の事業の運営の基礎となる重要事項（注1）について，その事業の運営が特定の者又はその親族その他その特定の者と特別の関係がある者の意思に従ってなされていると認められる事実があること（注2）。

②　次に掲げる者に対して当該社団等の事業に係る施設の利用，余裕金の運用，解散した場合における財産の帰属その他その事業に関し特別の利益を与えること（注3）。

イ　当該社団等の機関の地位にある者

　　ロ　当該地位にある者又は当該財産の贈与をした者の親族

　　ハ　これらの者と特別の関係がある者

　　これらの者と特別の関係がある者とは，①内縁関係にある者及びその者の親族で生計を一にしている者，②使用人及び使用人以外の者で当該個人から生計を見てもらっている者並びにそれらの親族で生計を一にしている者をいう（相令31）。

(注1)　事業の運営の基礎となる重要事項とは，役員その他の機関の構成，その選任方法のほか，次に掲げる事項がこれに該当するものとして取り扱われている（昭55直資2－182改正）。

①　当該事業の遂行により与えられる公益を受ける者の選任，与えられる公益の種類及びその程度の決定

②　事業の運営に関する諸規則の制定

③　事業計画及び予算の決定並びに決算の承認

④　事業の廃止又は縮小

⑤　④により不用となった財産の処分

(注2)　特別の関係がある者の意思に従ってなされていると認められる事実があることとは，社団等の運営の基本となる規約等に次の①から④までの事項が定められていないこと又は社団等の事績に⑤から⑦までの事実が認められることをいうものとして取り扱うとされている。（昭55直資2－182改正）

①　特定の者及びその者と特別の関係がある者が社団等の構成員又は役員その他の機関の地位にある者の総数の3分の1以下であること。

②　社団等の機関の地位にある者の選任は，社団等の代表者の指名又は委嘱によるなど恣意的に選任されることなく，たとえば，社団等の総会若しくは公正に選任されている評議員会の選挙により選出されるなど，その行う事業の種類に応じ，機関の地位にあることが適当と認められる者がその地位に選任されること。

③　事業の種類に応じ相当数の評議員，運営委員又はこれらの者に準ずるもの（以下（注2）において「評議員等」という。）を置くこと。

④　(注1)に掲げる重要事項の決定又は変更は，評議員等の意見を聴き，役員の全部又は大部分の賛成を得てされること。

⑤　公益が主として特定の者及びその者と特別の関係がある者に与えられること。

⑥　高度の公益事業のために支出される費用の額が社団等の収入からみて過少であるなど社団等の経理がその事業の目的に照らして適正でないこと。

⑦　社団等の運営がその規約等に違反して行われたこと。

(注3)　社団等が特別の利益を与えることとは，社団等の機関の地位にある者，贈与をした者又はこれらの者と特別の関係がある者について，たとえば，次に掲げる事実がある場合又はその事実があると認められる場合がこれに該当するものとして取り扱われている（昭55直資2－182改正）。

①　当該社団等の施設その他の財産を居住，担保，生活資金その他私的の用に利用していること。

②　当該社団等の余裕金をこれらの者の行う事業に運用していること。

③　当該社団等が解散した場合に残余財産がこれらの者に帰属することとなっていること。

④　当該社団等の他の従業員に比し有利な条件で，これらの者に金銭の貸付けをしていること。

⑤　当該社団等の所有する財産をこれらの者に無償又は著しく低い対価で譲渡していること。

⑥　これらの者が過大な給与の支給を受け，又は当該社団等の機関の地位にあることのみに基づき報酬を受けていること。

⑦　これらの者の債務が社団等によって保証，弁済，免除又は引受けされていること。

⑧　当該社団等の事業の廃止等により，不用に帰する財産がこれらの者に帰属することとなっていること。

⑨　当該社団等がこれらの者から金銭その他の財産を過大な利息又は賃貸料で借り受けていること。

⑩　当該社団等がこれらの者からその所有する財産を過大な対価で譲り受けていること，又はこれらの者から公益を目的とする事業の用に供するとは認められない財産を取得していること。

⑪　契約金額が少額なものを除き，入札等公正な方法によらないで，これらの者が行う物品の販売，工事請負，役務提供，物品の賃貸その他事業に係る契約の相手方となっていること。

⑫　事業の遂行により供与する公益を主として，又は不公正な方法で，これらの者に与えていること。

第Ⅰ章 贈与　41

3　高度の公益事業を行う代表者又は管理人の定めのある人格なき社団・財団が贈与により取得した財産の範囲

　贈与により取得した財産は，原則として贈与により取得した財産そのものをいうのであるが，高度の公益事業を行う者が社団等である場合には，次に掲げる財産はこれに該当するものとして取り扱われる。

(1)　贈与により取得した財産を譲渡して得た譲渡代金の全部又は当該譲渡代金及び譲渡代金により取得した財産の全部を当該事業の用に供することが確実である場合における当該財産

(2)　贈与により取得した財産との交換により取得した財産（交換差金を取得した場合には交換差金の全部を含む。）を当該事業の用に供することが確実である場合の当該財産

(3)　贈与により取得した財産の果実の全部を当該事業の用に供することが確実な場合における当該財産

4　贈与により取得した財産を高度の公益事業の用に供することが確実であることとは

　贈与により取得した財産は，公益を目的とする事業の用に供することが確実なものでなければならない。事業の用に供することが確実であるかどうかは，次により判断することとして取り扱われている。

(1)　調査時において，贈与により取得した財産が高度の公益事業の用に供されている場合には，その時までに当該事業以外の用に供されたことがなく，かつ，最初に当該事業の用に供した日から調査時まで引き続き当該事業の用に供されていること。

(2)　調査時において，贈与により取得した財産が高度の公益事業の用に供されていない場合には，事業計画等から判断して財産取得の日から2年を経過した日までに当該事業の用に供されることが確実と認められること。

5 2年を経過した日においてなおその事業の用に供していない場合とは

　高度の公益事業を行う者が受贈した財産を取得から2年経過した日において
なおその事業の用に供していない場合には非課税財産とならない。2年を経過
した日において公益を目的とする事業の用に供していない場合とは，財産取得
の日から2年を経過した日において，贈与により取得した財産を高度の公益事
業の用に供していない場合のほか次のいずれかの事実があると認められる場合
をいう（昭55直資2－182改正）。

(1)　財産取得の日から2年を経過した日まで，贈与により取得した財産の全
　　部又は一部を高度の公益事業以外の用に供した事実があること。

(2)　贈与により取得した財産を最初に高度の公益事業の用に供した日から2
　　年を経過した日まで引き続きその事業の用に供している事実がないこと。

(3)　2年を経過した日以後も事業計画等によって贈与により取得した財産の
　　全部を高度の公益事業の用に供すると認められないこと。

第Ⅰ章 贈与　43

図表Ⅰ-14 公益事業用資産の贈与税に係る非課税規定

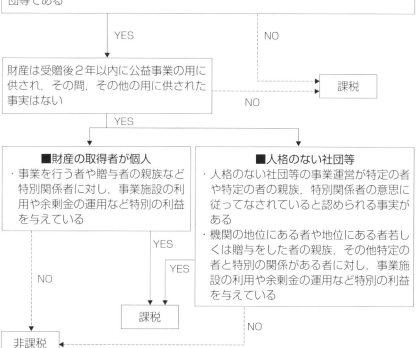

⑧ 特定公益信託で財務大臣の指定するものから交付される特定の金品の非課税規定（相法21の3①四）

　この規定は，財務大臣が指定した特定公益信託から奨学金などを支給されたとき，受給者に贈与税が課税されないためのものである。

　相続税法では公益信託の委託者は特定委託者とみなされるので，公益信託から金品を受領すると，委託者が個人の場合には，委託者から贈与があったものとして取り扱われるのが原則である（相法附則24）。公益性の高い学術奨励金や奨学金などを贈与税の課税対象とすることは好ましくないので，特定公益信託から支給される学術貢献表彰金や学術研究奨励金のうち財務大臣が指定するものや，学生，生徒に対する学資の支給を目的とする特定公益信託からの奨学金は贈与税の非課税財産としているのである（なお，一時所得の非課税規定と異なり芸術貢献表彰金は非課税とされていない。）。

　なお，委託者が法人の場合は同様の理由で，委託者である法人から個人に対する贈与となり，公益信託から奨学金などを支給される者に対し一時所得の課税対象とするのが原則である（所法34，所基通34－1（五））。特定公益信託の委託者が法人の場合は，学術貢献表彰及び芸術貢献表彰又は学術研究奨励を目的とする特定公益信託から交付される金品で財務大臣の指定するもの及び奨学金は所得税が非課税とされている（所法9①十三）。

　公益信託とは，民間の資金を広く社会一般のために役立てるための制度であり，信託法258条に規定する受益者の定めのない信託のうち，学術，技芸，慈善，祭祀その他公益を目的とするものであって，受託者において主務官庁の許可を受けたものである（公益信託ニ関スル法律1，2①）。主務官庁が信託銀行等に引受けを許可する信託は平成6年9月13日に公益法人等監督事務連絡会議決定が定めた「公益信託の引受け許可審査基準等について」に基づき審査され（同基準には残余財産の帰属についての制限は明記されていないが），現実に引受けを許可される公益信託は，残余財産が委託者等の手元に戻る可能性があるものはない。公益信託として主務官庁から許可されるものは，すべて税法が定める特定公益信託の要件を具備している。

第Ⅰ章 贈 与　　45

　現実に公益信託は，医療や福祉分野，自然科学や人文科学の研究分野，自然環境保全活動など幅広い分野で活用されている。公益信託には，税制上の区分として「特定公益信託」と「認定特定公益信託」が規定されている。特定公益信託のうち，科学研究助成，学校教育支援，福祉など11の特定分野での信託目的を有するものであること，及びその目的に関し相当と認められる業績が持続できることについて主務大臣の認定を受け，かつ，その認定を受けた日の翌日から5年を経過していないものを「認定特定公益信託」といい，税制上の優遇措置がとられている。

　本規定は特定公益信託のうち財務大臣の指定するものから交付される特定の金品に係る贈与税の非課税規定である。

1　特定公益信託とは

　公益信託のうち，次の(1)(2)の要件のすべてを満たし，これらの要件を満たすことについて主務大臣の証明を受けた公益信託が税制上の特典のある特定公益信託である（所令217の2①②，法令77の4①②，措令40の4①）。

(1)　受託者が信託銀行であること

(2)　次に掲げる事項が信託行為により明らかであること

　①　信託の終了の場合において，信託財産が国若しくは地方公共団体に帰属し，又は類似の目的のための公益信託として継続するものであること

　②　合意による終了ができないものであること

　③　信託財産として受け入れる資産は，金銭に限られるものであること

　④　信託財産の運用は，次に掲げる方法に限られるものであること

　　イ　預金又は貯金

　　ロ　国債，地方債，特別の法律により法人の発行する債券又は貸付信託の受益証券

　　ハ　貸付信託の受益証券の取得

　　ニ　合同運用信託の信託

　⑤　信託管理人が指定されるものであること

　⑥　受託者が信託財産の処分を行う場合には，学識経験者で構成される運営

委員会の意見を聴かなければならないものであること

⑦　信託管理人及び運営委員会に対してその信託財産から支払われる報酬の額は，その任務の遂行のために通常必要な費用の額を超えないものであること

⑧　受託者が信託財産から受ける報酬の額は，通常必要な額を超えないものであること

2　認定特定公益信託とは

　特定公益信託のうち，特に公益性の高い次に掲げる一又は二以上の信託目的を持ち，信託目的に関し相当と認められる業績が持続できることにつき主務大臣の認定を受けたものをいう（その認定を受けた日の翌日から5年を経過していないものに限る。）（所令217の2③，法令77の4③）。

⑴　科学技術（自然科学に係るものに限る。）に関する試験研究を行う者に対する助成金の支給

⑵　人文科学の諸領域について，優れた研究を行う者に対する助成金の支給

⑶　学校教育法第一条《定義》に規定する学校における教育に対する助成

⑷　学生又は生徒に対する学資の支給又は貸与

⑸　芸術の普及向上に関する業務（助成金の支給に限る。）を行うこと

⑹　文化財保護法第二条第一項《定義》に規定する文化財の保存及び活用に関する業務（助成金の支給に限る。）を行うこと

⑺　開発途上にある海外の地域に対する経済協力（技術協力を含む。）に資する資金の贈与

⑻　自然環境の保全のため野生動植物の保護繁殖に関する業務を行うことを主たる目的とする法人で当該業務に関し国又は地方公共団体の委託を受けているもの（これに準ずるものとして財務省令で定めるものを含む。）に対する助成金の支給

⑼　すぐれた自然環境の保全のためその自然環境の保存及び活用に関する業務（助成金の支給に限る。）を行うこと

⑽　国土の緑化事業の推進（助成金の支給に限る。）

(11)　社会福祉を目的とする事業に対する助成

図表Ⅰ－15　公益信託に係る税務

概要	公益信託	特定公益信託	認定特定公益信託
公益信託は，信託法上受益者のいない信託であるが，相続税法は附則24を置き，すべての公益信託の委託者を特定委託者とみなすこととし，法人課税信託である受益者等の存しない信託に該当しないものとしている。これは，今後の公益信託制度の見直し等を見据え，当面の措置として従前の取扱いが維持されたものである。	公益信託法1条＋引受許可審査基準 ※引受許可基準には残余財産の帰属についての制限は明記されていないが，現実に許可される公益信託には，残余財産が委託者等の手元に戻る可能性があるものはない。公益信託として主務官庁から許可されるものは，すべて税法が定める特定公益信託の要件を具備している。	所令217の2①② / 法令77の4①② 信託財産の帰属の定め・解除不可・受託財産は金銭のみ。運用先限定。信託管理人＋学識者の助言。信託報酬も制限。	所令217の2③ / 法令77の4③ 目的の限定。（助成型活動）。業績が持続可能。主務大臣の認定を要求。

		財産拠出時		
個人が委託者	委託者への税制優遇（所得税法上の寄付金控除・税額控除）	なし		あり（所法78③）（信託時の拠出も対象）
	相続・受贈を受けた財産を公益信託に拠出した場合	なし		あり（相法70③）
	金銭以外の財産拠出	なし	なし（所法217の2①三により，金銭以外の財産受入は不可）	
	受託者・受給者（≠受益者）等への課税	なし。公益信託の委託者は特定委託者とみなされるため，公益信託は受益者等の存しない信託に該当せず，他に受益者が存しなければ，信託銀行の移転は認識されず，受給者や受給者（受益者ではない）には課税されない。		
法人が委託者	委託者への税制優遇（法人税法上の寄附金優遇税制）	なし。一般寄附金として損金算入限度額の範囲で損金算入することができる。	なし。一般寄附金として損金算入限度額の範囲で損金算入することができる。	あり。特定公益増進法人に対する寄附金と同じ扱いを受けることができ，一般寄附金の損金算入限度

			額とは別枠で一般寄附金の損金算入と同額まで損金算入が認められる（法法37⑤③三）

信託収益時			
個人が委託者	投資所得	非課税（所法11②）	
	利子（源泉所得税）	非課税（所法11②）	
	キャピタルゲイン課税	非課税？所法11③の適用次第	所令217の2①四により運用可能資産が限定されているので，キャピタルゲイン課税の問題は生じない（所基通33－1，租法37の15）。
法人が委託者	投資所得	課税（法法附則19の2＝委託者課税）	非課税（法法12①③）
	利子（源泉所得税）	非課税（所法11②）	非課税（所法11②）
	キャピタルゲイン課税	課税（法法附則19の2＝委託者課税）	法令77の4①四で運用可能資産が限定されているのでキャピタルゲイン課税の問題は生じない。

公益目的給付時（奨学金等，受給者に特定しうる経済的利益が生じている場合には委託者からの贈与とみなされている。）			
個人が委託	受給者個人	贈与税課税（相法9）	学術貢献の表彰，学術研究の奨励，学生等への学費支給の金品に限り非課税（相法21の3①四）
法人が委託者	受給者個人	所得税課税（一時所得税）	学術・芸術に関する貢献の表彰，学術研究の奨励，学生等への学費支給の金品に限り非課税（所法9①十三，十四）
受益者が法人の場合	原則として損金算入。受益者が公益法人の場合は非課税（法法7）		

受託者死亡時			
公益信託の委託者は，相続税法上，特定委託者とみなされ，信託財産は被相続人である委託者の相続財産を構成する。	委託者の相続人に相続税課税（相法附則24，相法9の2⑤）	信託財産は委託者を被相続人とする相続財産に含まれるが，相続税評価額は零とされる（相基通9－2－6）	

（参考：藤谷武史『公益信託と税制』第37回信託法学会総会（2012年6月10日）報告書記載の表の一部を基に一部変更して作成）

図表Ⅰ-16　委託者が個人の場合の公益信託課税関係図

- 認定特定公益信託への出捐金は特定寄附金とみなされ寄附金控除（所法78③）
- 相続人・受遺者が相続・遺贈により取得した金銭を相続税の申告期限までに認定特定公益信託に出捐した場合は，相続税の負担を不当に減少する場合を除き，出捐金額は相続税の課税価格に入れない（措法70③）
- 信託財産につき生ずる所得について所得税は非課税（所法11②③）

原則：委託者からの贈与 → 贈与税課税対象
例外：財務大臣が指定する学術貢献表彰又は学術研究奨励を目的とする特定公益信託及び学資支給を目的とする特定公益信託からの奨学金は非課税

委託者死亡：相続税法は公益信託の委託者を特定委託者とみなす規定を置いている（相法附則24）。公益信託のうち，委託者に残余財産が帰属しない等一定の要件を満たすものを特定公益信託という（所法78③，所令217の2）。特定公益信託の委託者は，残余財産を取得しないので，信託から利益を受けることはなく，信託をコントロールする権限を有するにすぎない。このため，特定公益信託の委託者の地位が異動した場合には，当該信託に関する権利の価額は零として取り扱うとされている（相基通9の2-6，9の4-2）。

図表Ⅰ-17　委託者が法人の場合の公益信託課税関係図

- 特定公益信託への出捐金は一般寄附金として損金算入限度額の範囲で損金算入できる。
- 認定特定公益信託への出捐金は，特定公益増進法人と同様に一般の寄附金の損金算入限度額と同額まで別枠で損金算入をすることができる。
- 特定公益信託財産から生ずる運用益については課税規定がないので課税されない（法法12①ただし書き，③）

原則：委託者（法人）からの贈与 → 一時所得課税対象
例外：財務大臣が指定する学術貢献表彰・芸術貢献表彰又は学術研究奨励を目的とする特定公益信託及び学資支給を目的とする特定公益信託からの奨学金等は非課税

贈与税の３年内加算と相続開始の年における被相続人からの贈与

　相続又は遺贈により財産を取得した者が相続開始前３年以内に被相続人から贈与により取得した財産があるときは，贈与税の配偶者控除を受けた財産（これを特定贈与財産という。）を除き，相続税の計算上，受贈財産の価額を相続財産に加算して相続税を算出し，贈与税額を控除することとされている（以下，「３年内加算」という。）（相法19）。贈与により取得した財産が贈与税の基礎控除以下であっても加算する。

　ただし，相続又は遺贈により財産を取得した者が相続開始の年において被相続人から贈与により取得した財産（特定贈与財産を除く。）で相続税法19条《相続開始３年以内に贈与があった場合の相続税額》の規定を受けるものは，受贈財産の課税価額を相続税の課税価格に算入するのみで，贈与税の課税価格に算入せず，贈与税額の控除もしないこととされている（相法21の２④）。この規定の趣旨は次のように技術的なものである。

　相続開始の年の贈与財産を相続財産に加算し，贈与税額を控除しようとすると，贈与税額を確定する必要がある。被相続人から相続又は遺贈により財産を取得した者の相続開始の年の贈与税額は，暦年贈与課税が累進税率を採用していることから，その者のその年の受贈財産の総額が確定する12月31日まで待たなければ確定しない。相続開始の年において被相続人から贈与により取得した財産（特定贈与財産を除く）は，単に相続財産に加算する方法が最も簡明な方法である。

　加算される贈与により取得した財産の価額とは，財産を取得した時における時価により評価した価額をいう（相基通19－１）。要は，贈与税の申告を行った価額をそのまま加算するわけである。

　相続の開始前３年以内とは，相続の開始の日から遡って３年目の応当日から相続開始の日までの間をいう（相基通19－２）。

　相続又は遺贈により財産（生命保険等のみなし財産を含む。）を取得しな

かった者は，３年内加算の対象とならないのであるが，相続時精算課税適用者
については，被相続人から相続又は遺贈により財産を取得しなかった場合で
あっても，相続時精算課税適用者が，相続時精算課税の選択に係る年より前に
特定贈与者から財産の贈与を受けていたときには，３年内加算の対象となる
（相基通19－３）。これは相続税法21条の16第１項の規定により，相続時精算課
税の適用を受ける財産は相続又は遺贈により取得したものとみなされることに
よる（相基通19－11）。

　相続時精算課税の適用者が特定贈与者から相続又は遺贈により財産を取得し
た場合は，３年内加算ではなく，相続時精算課税制度適用年分からの贈与が相
続財産に加算されるが（相法21の15①又は相法21の16①），相続開始前３年以
内の贈与ではあるが，贈与を受けた時点は被相続人が特定贈与者でない場合も
あるので注意が必要である。たとえば相続開始前２年以内に相続時精算課税選
択届出書を提出しているが，精算課税選択届出書を提出する以前の年分につき
暦年課税の適用があり，当該贈与の時点が相続開始前３年以内なら加算対象と
なる。

　相続税の無制限納税義務者は，相続又は遺贈により取得したすべての財産が
相続税の課税対象とされているが，相続開始前３年以内の贈与加算の規定は加
算する財産を贈与税の課税価格の基礎に算入されるものに限っている（相法11
の２①19①）。このことから，相続開始時点で無制限納税義務者であった者で
も，３年内加算の対象となる贈与を受けたときに制限納税義務者であり，法施
行地外の財産を取得した場合など，贈与税の課税価格に算入されないこととさ
れている財産は，相続開始前３年以内の贈与であっても相続税の課税価格に加
算されない（相法21の２②，相基通19－４）。

図表Ⅰ-18　相続時精算課税適用者に3年内加算が生ずるケース

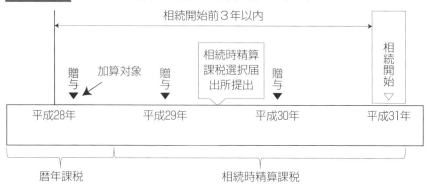

図表Ⅰ-19　3年内贈与加算一覧表

納税義務者	贈与により取得した財産	3年内加算有無	
相続又は遺贈により財産を取得した者（みなし相続財産を取得した者を含む。）	その年に取得した財産の価額が基礎控除以下である場合	加算する	
	相続開始の年に受けた財産の価額は贈与税の課税価額に加算しないが相続税の課税価格に加算する	加算する	
	扶養義務者相互間において生活費等に充てるためにした通常必要な贈与	加算しない	（相法21の3）
	公益事業用財産の贈与	加算しない	
	特定公益信託からの贈与	加算しない	
	特別障害者が受益者となる信託財産のうち6,000万円又は3,000万円までの金額	加算しない	（相法21の4）
	特定贈与資産（婚姻期間20年以上の配偶者に対する居住用資産・購入資金の贈与）非課税となる2,000万円までの金額	加算しない	（相法19②）
	制限納税義務者が取得した法施行地外に所在する財産	加算しない	（相法22の2②）

第Ⅰ章 贈 与　53

⑩ 贈与税の３年内加算が適用されない特定贈与財産 とは

　相続税の申告にあたり，被相続人から相続又は遺贈により財産を取得した者が，相続開始前３年以内に被相続人から贈与により取得した財産がある場合は，贈与により取得した財産のうち贈与税の課税価格の計算の基礎に算入されるもの（特定贈与財産を除く。）を相続税の課税価格に加算した価額を相続税の課税価格とみなす。また，相続税の課税価格に加算された贈与財産に対し課税された贈与税額を相続税額から控除する。控除すべき贈与税額が相続税額を上回ることがあっても，納付すべき相続税額が零となるだけで控除不足の贈与税は還付されない（相法19①）。

　ここでいう特定贈与財産とは，婚姻期間が20年以上である被相続人の配偶者が被相続人から贈与により取得した居住用不動産又は居住用不動産を取得するための金銭で次のものをいう（相法19②）

　イ　相続開始の年の前年以前に贈与が行われている場合で，被相続人の配偶者が贈与を受けた日の年分の贈与税につき贈与税の配偶者控除（相法21の６①）の適用を受けているときは，配偶者控除を受けた金額（最高2,000万円）に相当する部分（相法19②一）。

　ロ　相続開始の年に行われた贈与である場合は，贈与時に被相続人との婚姻期間が20年以上である被相続人の配偶者（すでに被相続人からの贈与について贈与税の配偶者控除の特例の適用を受けたことがない者に限る。）が，相続開始の年において，被相続人から贈与を受けた居住用不動産又は金銭のうち，贈与税の配偶者控除の特例があるものとした場合に控除されることとなる金額（2,000万円が限度となる。）に相当する部分として，相続税の申告書において選択する部分。

　相続開始の年の前年に，評価額2,500万円の自宅の敷地を被相続人が配偶者に贈与し，贈与税の配偶者控除（相法21の６）2,000万円と基礎控除110万円を控除し，贈与税の課税価格390万円に対する贈与税53万円を納税していたケー

54

スでは，特定贈与財産2,000万円を除く500万円を相続税の課税価格に加算して申告することとなる。

　同様の事例で，贈与税の配偶者控除の適用がある贈与が行われた同年に相続が開始したときは，贈与税の配偶者控除の申告を行う前に相続が開始してしまったのであるが，贈与税の配偶者控除の適用があるものとして控除されることとなる金額（2,000万円が限度となる。）に相当する部分として，相続税の申告書において選択する部分（上記のケースでは2,000万円）が特定贈与財産となる。この結果，500万円だけが相続税の課税価格に加算される。この場合，贈与を受けた配偶者は，贈与を受けた年（同時に相続が開始した年でもある）の翌年3月15日まで，当該自宅に居住を継続することが必要である。なお，選択した2,000万円は3年内加算の規定（相法21の2④）が適用されないので，相続税の申告後，贈与税の配偶者控除の適用をしないこととなった場合でも贈与税の申告が必要である（相基通19－9）。

【贈与税の配偶者控除】

　贈与の年において戸籍上の婚姻期間（注1）が20年以上である配偶者から専ら居住用の土地，借地権若しくは家屋で法施行地にあるもの（以下，「居住用不動産」という。）又は金銭を贈与により取得した者が，次の要件を満たすときは課税価額から2,000万円（注2）を控除する（相法21の6①）。

① 　贈与を受けた年の翌年3月15日までに居住用不動産を受贈者の自宅として使用し，かつ，引き続き居住する見込みであるとき

② 　金銭の贈与であるときは，贈与を受けた年の翌年3月15日までに，その金銭で居住用の不動産を取得し，実際に自宅として使用を開始し，かつ，引き続き居住する見込みであるとき

　居住用不動産の範囲は，相基通21の6－1にその取扱いが定められ，家屋の増改築（相基通21の6－4），住用不動産が信託財産に含まれる信託に関する権利も含まれる（相基通21の6－9）。

（注1）一度離婚して同一相手と再婚した場合は，通算して20年以上であれば適用できる（相令4の6②）。1年未満の端数は切り上げないので，贈与時点で満20年

以上でなければならない（相基通21の6－7）。

（注2）「贈与により取得した居住用不動産の価額」と贈与により取得した金銭のうち居住用不動産の取得に充てられた部分」の合計額が2,000万円未満のときはその合計額。

【実務対策】

　贈与税の配偶者控除は，比較的多く利用されている制度ではあるが，自宅以外に不動産を所有していない者が配偶者に贈与する場合の相続税の節税効果はあまり大きくない。というのも，自宅の敷地は，配偶者が相続するときには小規模宅地の課税価格の特例（特定居住用不動産）に該当し330㎡までは課税額が80％減額されるから自宅敷地の評価額が2,000万円に相当する持分を満額贈与しても相続税の課税価格に換算すると400万円しか減額されず，節税効果は少ない。自宅家屋を贈与しても，家屋は時の経過により老朽化し評価額が下がるので家屋を贈与することは節税という観点からみると有効ではない。

　ただし，相続開始前3年以内の贈与であっても，贈与税の配偶者控除の額（最高2,000万円）までは，3年内加算をする必要がないので，その意味では課税価格に換算して400万円，実効税率20％で税額80万円と僅少ではあるが相続税の節税効果は認められる。

　不動産取得税（相続0％→贈与3％）や登録免許税（相続0.4％→贈与2％）が相続に比べ割高となり，司法書士に支払う手数料も相続と贈与の2回となるため，実効税率が低い場合には損をしてしまうこともあり得る。

⑪ 相続時精算課税制度の申告にあたり過小評価が判明した場合の相続税の課税価格に加算される財産の価額

　Aは平成25年1月1日に死亡した。Aの相続税の申告書作成のため過去の贈与の有無を確認したところ，平成15年12月21日に相続時精算課税制度を選択し甲土地を長男Bに贈与していたことが判明した。担当税理士が精査したところ甲土地の評価額に誤りがあった。正しくは3,000万円とすべきところを2,370万円として相続時精算課税を選択し贈与税の申告がなされていた。贈与税の除斥期間である6年は経過しているため修正申告を提出することができない。相続税の申告書に記載する相続時精算課税適用財産の価額は，贈与税の申告書に記載された金額でよいだろうか。

　特定贈与者から相続又は遺贈により取得した相続時精算課税制度適用者は，特定贈与者からの贈与により取得した相続時精算課税適用財産の価額を相続税の課税価格に加算する。加算する相続時精算課税適用財産の価額は，贈与税の申告書に記載されている価額ではなく，贈与税の課税価格の計算の基礎に算入される財産に係る贈与時の価額である（相法21の15①，相基通21の15－1・2）。

(12) 死因贈与

個人が死因贈与により財産を取得したときは，相続税の課税対象となる（相法1の3）。

死因贈与契約により法人が財産を取得したときには，受贈益に対し法人税が課税され，相続税の課税対象にはならない（法法22②）。法人に対する死因贈与は，言い換えれば，法人に対する無償譲渡である。法人に対する無償譲渡は，所得税法上は時価で譲渡したものとみなされる（所法59①）。死因贈与された財産に含み益があれば，死因贈与者である故人が法人に対し死因贈与した財産を時価で譲渡したとみなされ，譲渡所得の課税対象となる。故人が納税義務を負うので，相続人が準確定申告を行い故人に生じた納税義務を承継する（所法59①一，所法125，通法5）。準確定申告により確定した未払所得税は相続債務となる。死因贈与された財産が土地家屋である場合，被相続人が居住用の特別控除の適用要件を満たしていれば準確定申告において3,000万円の特別控除を適用することも可能である（措法35）。

図表Ⅰ－20 相続財産の一部を法人に遺贈した場合の課税関係図

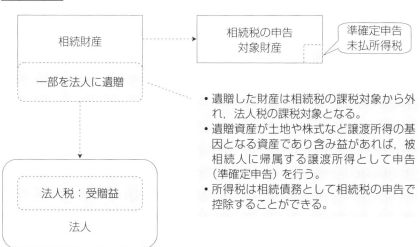

【実務上の注意点　口頭による死因贈与契約】

　死因贈与は遺贈に関する規定に従うが（民法554，遺言の方式に関する規定は準用されない（最判昭32・5・21，民集1.5.732）。そこで，相続直前に口頭による死因贈与契約があったが相続税の申告はどうするか助言を求められることがある。

　口頭による死因贈与契約も私法上は有効だが，死因贈与契約が締結された事実は納税者が立証しなければならない。書面によらざる死因贈与契約は，契約当事者の一方が亡くなったときに効力が生ずる契約である。契約の効力が生ずるときに契約当事者の一方である贈与者は死亡し，贈与者の相続人が贈与の履行義務を負わなければならない。このように口頭による死因贈与契約は，受贈者以外に贈与契約があったことがわからなくなる可能性がある契約である。書面によらざる贈与契約であるから各当事者も撤回が可能である。履行の確実性を期すならばあえて契約書等の証拠資料を作成しないという不安定な選択を行う蓋然性は低いと考えざるを得ない。口頭による死因贈与契約が実際に締結されていたか否かについては，贈与の動機，金額の多寡，受贈者との関係，口頭契約にとどまった理由等を総合勘案して判断ずることが必要となる。

第Ⅰ章　贈　与　　59

⑬　個人に対する負担付贈与

　負担付贈与とは，受贈者に一定の給付をなすべき債務を負担させることを条件にした贈与契約をいう。

　個人から個人に負担付贈与を行った場合は，「贈与財産の価額から負担額を控除した価額」が実質的に受贈益となる。この利益に対し贈与税が課税される（相法7）。また，受贈者が負担する債務が贈与者の利益となるものについては，譲渡所得の課税対象となる。所得税法上，贈与も譲渡所得における「譲渡」に含まれるので，負担に相当する金額を対価とした「資産の譲渡」が行われたとみるわけである（所法33，36①）。

　負担付贈与における贈与税の課税価格は，贈与された財産が土地，借地権，家屋及び構築物などの不動産である場合には，その贈与の時における通常の取引価額に相当する金額から負担額を控除した価額によることになっている（平成元年3月29日平元.3直評5外1課共同：負担付贈与又は対価を伴う取引により取得した土地等及び家屋等に係る評価並びに相続税法第7条及び第9条の規定の適用について（以下，「負担付贈与通達」という。））。

　AがBに貸家を贈与すると，貸主Aの地位は受贈者Bに移転し，敷金返還債務は貸主の地位の移転とともに受贈者Bに移転する。このような贈与は負担付贈与であり，貸家の評価額は時価となる。負担付贈与にならないようにと，敷金返還債務相当額の金銭をAからBに贈与しても，法形式上は，不動産＋現金の贈与と債務（敷金返還債務）の移転という負担付贈与に該当するが，国税庁は，敷金返還債務に相当する現金の贈与を同時に行っている場合には，一般的に敷金返還債務を承継させる意図が贈与者・受贈者間においてなく，実質的な負担はないと認定することができるとしている（国税庁質疑応答事例集：賃貸アパートの贈与に係る負担付贈与通達の適用関係）。

　上場株式，気配相場等のある株式を贈与した場合の評価額は，原則として，「贈与当日の終値」，「贈与した当月，前月，前々月の終値の月中平均」の4つのうち最も低いものを適用できるが，負担付贈与又は対価を伴う取引を行った

場合は，4つの評価額のうち最も低いものではなく，贈与当日の終値，すなわち課税時期の取引価額が相続税評価額となる[5]（財産評価基本通達169⑵）。

負担付贈与があった場合においてその負担額が第三者の利益に帰すときは，第三者は負担額に相当する金額を贈与により取得したことになる（相基通9－11，21の2－4，負担付贈与通達）。

現行，所得税法33条に規定する「譲渡」とは，通常，法律行為による所有権の移転と解されているので，相続のように一定の事実（相続）に基づいてその効果（権利，義務の包括的承継）が生ずる場合は「譲渡」に含まれないが，贈与，遺贈による資産の移転は同条に規定する「譲渡」に該当する[6]。

負担付贈与における負担が贈与者（資産の譲渡者）に対し経済的利益をもたらす場合は，その経済的利益を収入金額とする「資産の譲渡」に該当する（所法33，36①）。

借入金で購入した時価100の土地建物甲を個人Aに贈与するが，Aは債務40を負担せよという負担付贈与契約において，甲の取得価額が10である場合10で取得したものを40で譲渡すると30の譲渡所得が発生する。これは，40という対価を得ているので，所得税法33《譲渡所得》と同法36条《収入金額》の規定により課税される。法形式は低額譲渡であるが，税務の世界では，相手が個人であれば対価40部分が譲渡であり，対価のない残りの部分60が贈与となる。

なお，対価を伴わない単純な贈与では，贈与による支配権の移転に伴い贈与資産の値上がり益に対する譲渡所得課税は行われないので，受贈者は贈与者の取得時期と取得価額を引き継ぐ。これに対し，負担付贈与や対価を伴う贈与では，原則として受贈者（実質譲受者）は支払った対価で当該資産を取得したと同視し得るから，実際に支払った金額が当該資産の取得価額となる。ただし，譲渡価額（負担付贈与の負担額）が時価の2分の1未満であり，かつ，贈与者の取得価額を下回る場合，言い換えれば譲渡損失が計上される場合は，譲渡者（贈与者）の譲渡損失はなかったものとみなされ，譲渡者（贈与者）の取得時

---

[5] 同族会社の株式（非上場株式）を負担付贈与又は売買する場合，同族会社が有している上場株式等の評価については，本来の評価方法（課税時期当日終値，前月，前々月，前々々月の終値平均のうち最も低い価額）となる。

[6] 『所得税基本通達逐条解説（平成29年版）』P716

期と取得価額は譲受者（受贈者）に引き継がれる（所法60①，所基通60－1）。

図表Ⅰ－21 例：個人Aから個人Bに対し40の負債を引き継ぐことを条件に100の資産を贈与した場合

- 負担付贈与における負担部分（実質譲渡対価部分）は譲渡所得の収入金額に該当し，贈与した資産に含み益があれば，譲渡者（贈与者）は譲渡所得の申告が必要となる。
- 負担額や低廉譲渡の対価が譲渡資産（負担付贈与資産）の時価の2分の1未満であり，かつ，譲渡損失が生ずる場合は，譲渡損失はなかったものとみなされる。この場合，負担付贈与（低額譲渡）された資産の取得価額は引き継がれる。
- 負担付贈与資産が不動産ならば，贈与した財産の評価額は時価（実勢価額）となり，時価と相続税評価額との乖離を利用した租税回避ができないようにしている。
- 負担付贈与資産が上場株式ならば，贈与当日の終値が評価額となる。

⑭ 親子間で時価の異なる宅地を交換した場合の課税関係

　父Aが所有している甲土地と子どもBが所有している乙土地を交換した場合の課税関係を考える。

【基本】

　父Aが所有している甲土地（時価8,000万円，相続税評価額6,400万円：取得価額800万円）と子どもBが所有している乙土地（時価3,000万円，相続税評価額2,400万円：取得価額480万円）を交換した場合，課税関係は次のとおりとなる。

　負担付贈与又は個人間の対価を伴う取引により取得したものが土地・借地権・建物・構築物などの不動産であれば贈与税の評価額は，取得時における通常の取引価額に相当する金額とされている（相法7，負担付贈与通達）。Aが取得した乙土地は3,000万円，Bが取得した甲土地は8,000万円であり，甲土地と乙土地の交換でBは実質的にAから5,000万円の贈与を受けていることになる。また，Aは甲土地をBは乙土地を各々3,000万円で譲渡したことになる。

　この結果，A及びBは次の納税義務を負う。

　Aには交換で取得した3,000万円の乙土地を対価とする譲渡所得が生ずる。Bは交換取得した甲土地のうち，3,000万円部分は乙土地の譲渡対価として，所得税の課税対象となり，残り5,000万円はAから贈与により取得したものとされ贈与税の納税義務を負う。

図表 I - 22　親子間で時価の異なる宅地を交換した場合

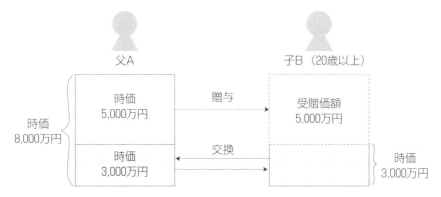

- 民法上は交換であるが、所得税法上は両者ともに3,000万円で譲渡したことになり、含み益があれば譲渡所得の課税対象となる。

図表 I - 23　時価の異なる宅地の交換の課税事例（原則）

Aの譲渡所得の計算明細

項目	金額（円）
収入金額	30,000,000
取得費	8,000,000
課税譲渡所得	22,000,000

Bの譲渡所得の計算明細

項目	金額（円）
収入金額	30,000,000
取得費	4,800,000
課税譲渡所得	25,200,000

Bの贈与税の計算明細

課税価額	50,000,000
基礎控除	1,100,000
控除後課税価額	48,900,000
税額	19,890,000

（注）税額は、特例税率にて計算
　平成31年税制改正により、令和4年4月1日以後の贈与について、措置法70条の2の5の年齢要件が18歳以上（現行20歳以上）に引き下げられる。

【交換差額が高い方の資産の20％以内である場合】

　父Aが所有している甲土地（時価8,000万円、相続税評価額6,400万円：取得価額800万円）と子どもBが所有している乙土地（時価7,000万円、相続税評価額5,600万円：取得価額1,120万円）を交換した場合、課税関係は次のとおりと

なる。

図表Ⅰ-24 時価の異なる宅地の交換（所法58条の要件を満たすケース）

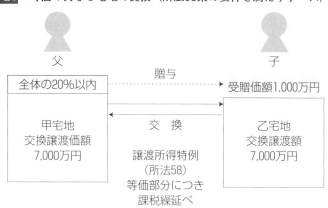

　所得税法の固定資産の交換の特例は、1年以上所有している固定資産を他の者が1年以上所有している固定資産（交換のために取得したものを除く。）と交換し、交換前の用途と同一の用途に供した場合、交換差額が交換する資産の高額資産の20％以内であれば、確定申告をすることにより、課税の繰延べを可能とする特例である（所法58）。

　（8,000万円－7,000万円）＜8,000万円×20％であるから、交換の特例が適用でき所得税法58条の交換の特例を適用する旨の確定申告を行うことにより、譲渡所得の課税は繰り延べられる（甲及び乙は等価とされる部分に対応する各々相手の取得価額を引き継ぐ。）。

　差額の1,000万円部分はAからBへの贈与として贈与税の課税対象となる。Bは7,000万円の土地を譲渡し、8,000万円の土地を取得しているので差額1,000万円が贈与税の課税対象となる（相法7、負担付贈与通達）。

第 I 章 贈 与   65

⑮　個人から法人に贈与する場合

1　贈与者

　個人が法人に財産を贈与したときは，贈与した個人は，贈与資産を時価で法人に譲渡したものとみなされる（所法59①一）。譲渡資産の時価が取得価額と譲渡経費の合計を上回る場合には，譲渡所得の申告が必要となる。個人間の贈与（無償の資産移転）ならば，贈与財産の取得時期，取得価額は受贈者が引き継ぎ，受贈者が譲渡したときに資産の含み益（値上がり益）に対し譲渡所得を清算的に課税することとされている[7]。仮に，個人から法人に対する無償譲渡において，同様の取扱いを規定すると，法人に対し無償譲渡があった場合，本来，所得税が課税されるべき値上がり益（個人が所有していた間の値上がり益）が法人に引き継がれ，個人が所有していた間の値上がり益に対し所得税が課税されず法人税が課税される不合理な結果を生じてしまう[8]。このため，法人に対する資産の無償譲渡（遺贈，死因贈与，贈与）については，支配権の移転があった時に，その時の時価で資産の譲渡があったとみなして贈与者に譲渡所得課税を行い，個人が所有していた時の値上がり益に対し所得税を清算的に課税するのが現行所得税法の規定である（所法59①一）。

　贈与といっても，個人が法人に低廉譲渡を行い経済的利益を供与（贈与）しようとする場合には，次のとおりとなる。

①　譲渡価額が時価の2分の1以上であれば，譲渡価額により譲渡所得を計算することとなる（所法33，36）。

②　譲渡価額が時価の2分の1未満であれば，時価で譲渡したものとみなされる（所法59①二，所令169）

③　ただし，譲受者が譲渡者の同族法人であり，同族会社の行為又は計算の否

（7）個人A　⇒　個人B　⇒個人Cと土地の贈与があり，Cが売却したときは，収入金額から個人Aの取得価額等を控除した値上がり益が課税対象となる。

（8）個人A⇒法人Bと土地の贈与があり，個人間の贈与と同様の取扱いをすると，個人Aが所有していた期間に生じた値上がり益（本来，所得税の課税対象）が，法人Bに課税され，法人税の課税対象となってしまう。

認規定(所法157)に該当するときには,譲渡価額が2分の1以上であっても時価で譲渡されたとして更正又は決定される場合がある(所基通59-3)。

留意すべきは,これら①②③はすべて課税根拠となる所得税の規定が異なることである。

図表Ⅰ-25 法人に対する無償・低額譲渡と譲渡価額

★時価の2分の1未満で譲渡(時価で譲渡したとみなされる)(所法59)

★時価の2分の1以上で譲渡(みなし規定なし:取引価額が譲渡価額となる)(所法33,36)

・非上場株式の時価:中心的な同族株主が非上場会社の株式を同族法人へ贈与・譲渡するときの時価は,「小会社」方式で評価した額となる

この場合の法人とは,いうまでもなく法人格を有する株式会社や一般社団法人,財団法人,公益法人などをいうが,所得税法上,法人とみなされる人格なき社団や財団を含む(所法4)。人格なき社団や財団が個人から贈与を受けたときは,無条件に個人とみなされ贈与税が課税されるが(相法66①④),同時に贈与者に対し所得税法59条1項1号が適用され,贈与財産は時価で譲渡されたものとみなされ,贈与者に譲渡所得課税が行われる。

なお,負担付贈与については,負担部分が対価と認められるため低廉譲渡と同様の取扱いとなる。

個人が法人に対し非上場会社の株式を贈与した場合は,時価で譲渡したものとみなされる。時価とは次のものをいう(所基通23~35共-9,所基通59-6)。

① 評価対象法人の株式の売買実例のあるものは売買実例のうち適正と認められる価額(売り急ぎ,買い進みのない仲値)

② 売買実例のないものでその株式等の発行法人と事業の種類,規模,収益の

状況等が類似する他の法人の株式等の価額があるものは，類似会社の売買実例価額に比準して推定した価額

③ 発行会社の売買実例や比準価額がないものは，次の条件を考慮し純資産価額等を参酌して通常取引すると詰められる価額

・株式を譲渡した者が中心的な同族株主（注）に該当するときは，発行会社は「小会社」に該当するものとして評価する。

・純資産評価を行うときに，評価対象会社の資産に土地・借地権等又は上場株式があるときは贈与の時における価額（時価）による。

・純資産評価方式で評価する場合は評価差額に対する法人税等相当額は控除しない。

(注)「中心的な同族株主」とは課税時期において同族株主の，1人並びにその株主の配偶者，直系血族，兄弟姉妹及び一親等の姻族（これらの者の同族関係者である会社のうち，これらの者が有する議決権の合計数がその会社の議決権総数の25％以上である会社を含む。）の有する議決権の合計数がその会社の議決権総数の25％以上である場合におけるその株主をいう。

小会社は，原則として，純資産価額方式によって評価する（評価差額に対する法人税等相当額は控除しない）。ただし，納税義務者の選択により，類似業種比準価額を50％，純資産評価額を50％とした評価方法をとることもできる（財基通179）。

図表Ⅰ−26 取引相場のない小会社の株式の価額

会社区分	評価方式
小会社	純資産価額 又は 類似業種比準価額×50％＋純資産価額（注）×50％

(注) 議決権割合50％以下の同族株主グループに属する株主については，その80％で評価する。

2 受贈者

贈与税の納税義務者は贈与により財産を取得した個人に限られる（相法1の4）。営利法人は贈与税の納税義務者とはならない。営利法人は，贈与により

取得した資産の時価を受贈益として計上し，法人税が課税される（法法22②）。

　ただし，営利法人に対する贈与があった場合に，間接的に営利法人の株主に対する利益供与となる場合がある（相法9）。営利法人に対する利益の供与により，その法人の株価が上昇するときには，贈与者から営利法人の株主に対し株価上昇分の経済的利益の贈与があったと認定され贈与税が課される[9]（相基通9－2）。個人が営利法人に資産を贈与したときだけでなく，低廉譲渡，現物出資，債務免除などを行ったときも，同様にその法人の株主に対する経済的利益の供与となり，法人に対する贈与者から株主が経済的利益の贈与を受けたものとして贈与税が課税される。

　受贈者となる法人は営利法人ばかりではない。人格なき社団・財団，持分の定めのない法人も受贈者として登場する。受贈者が代表者又は管理者の定めのある人格なき社団・財団であるときは，相続税法は無条件に個人とみなして贈与税の納税義務者としている（相法66①④））。

　持分の定めのない法人（持分の定めのある法人で持分を有する者がないものを含む。）は，特定の場合に個人とみなされ贈与税の納税義務者となる（相法66④⑥）。特定の場合とは，贈与者等の親族その他これらの者と特別の関係がある者の贈与税，相続税の負担が不当に減少する結果となると認められるときをいう（相法66④⑥，相令33③④）。相続税等の負担が不当に減少する結果となると認められる場合とは，次の適正要件から外れた運営組織や事業運用がなされた場合をいう（相令33③）。

①　その運営組織が適正であり，定款等により事業運営が特定の者又はその特別関係者の支配に服さないこと

②　これらの者に対し事業に関連して施設の利用，金銭の貸付けなどの特別の利益を与えないこと

③　定款等において残余財産を国又は地方公共団体又は公益社団法人・公益財団法人その他の公益を目的とする事業を行う法人（持分の定めのないものに

---

(9)　会社が資力を喪失した場合における私財提供行為により受ける経済的利益については債務超　過額に相当する部分の金額については，一時的に債務超過となっている場合を除き，経済的利益の贈与として取り扱わないこととされている（相基通9－3）。

限る。）に帰属させる旨の定めがあること
④　法令に違反する事実等がないこと
　また，一般社団法人等については，更に次の適正要件すべてを満たす運営組織や事業運用が必要である（相令33④）。
⑤　課税時の定款に次の定めがあること
　　イ　役員等の数に占める特定の親族の割合がいずれも３分の１以下とする旨の定め
　　ロ　法人が解散したときに，その残余財産が国等に帰属する旨の定め
⑥　課税時前３年以内にその一般社団法人等に係る贈与者等に対し，財産の運用及び事業の運営に関する特別の利益を与えたことがなく，かつ，課税時における定款において贈与者に対し特別の利益を与える旨の定めがないこと
⑦　課税時前３年以内に国税又は地方税について重加算税又は地方税の規定による重加算金を課されたことがないこと
　相続税法施行令33条３項と４項の関係
⑧　一般社団法人等以外の持分の定めのない法人について
　　従来どおり相続税法施行令33条３項によって不当減少要件の該当性を判定する

(16) 法人に対する負担付贈与

　個人が法人に対し譲渡所得の基因となる資産の贈与を行った場合は、所得税法59条１項１号の規定により（対価が全く支払われないにもかかわらず）時価で譲渡されたものとみなされる。これに対し、個人が法人に負担付贈与を行い受贈者の負担が贈与者の利益となる場合には負担が対価性を帯びるので対価のない取引に対価を擬制する所得税法59条１項１号の規定の適用の余地はなく、（譲渡所得の課税要件を定める）所得税法33条の規定により負担部分を対価として譲渡所得の課税対象とされ、低廉譲渡に当たれば所得税法59条１項２号の規定が適用される。

図表 I－27 法人に対する負担付贈与と課税関係

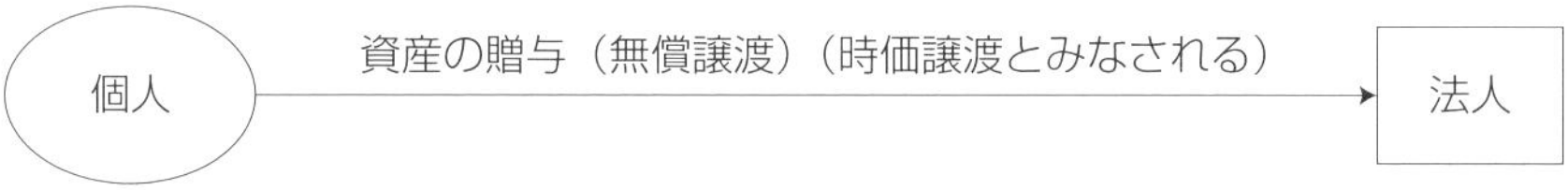

個人 —— 資産の贈与（無償譲渡）（時価譲渡とみなされる）—→ 法人

★負担が時価の２分の１未満（時価譲渡とみなされる）（所法59）

★負担が時価の２分の１以上（みなし規定なし：負担額が譲渡価額となる）（所法33、36）
　（注）行為計算否認規定（所法157）の適用がある場合あり
★負担が贈与資産の時価を上回る場合（上回る額は法人から個人への利益供与となり、一時所得）（役員等の場合、認定賞与等）

・非上場株式の時価：中心的な同族株主が非上場会社の株式を同族法人へ贈与・譲渡するときの時価は、「小会社」方式で評価した額となる

　すなわち、贈与する財産の時価に比べ負担額が著しく低いときは、時価で譲渡したものとみなされる（所法59①２）。著しく低い価額とは「時価の２分の１に満たない金額」とされている（所令169）。負担額が贈与財産の時価の２分の１以上ならば、負担額、すなわち当事者が取り決めた金額で譲渡所得の計算を行う。負担額が時価の２分の１未満であれば時価で譲渡したとして譲渡所得

の計算を行わなければならない（所令169，所基通59－2）。いずれの場合も，受贈法人は，受贈資産の時価と負担額との差額を受贈益として益金に計上する。

同族会社に対し譲渡所得の基因となる資産を低廉譲渡したときにおいて，株主等特殊関係者の所得税の負担を不当に減少させる結果となる場合は，同族会社の行為又は計算の否認規定（所法157）の適用がある。その場合は低廉譲渡価額が時価の2分の1以上であっても時価で譲渡したとみなされる（所基通59－3）。

なお，公益法人等その他公益を目的とする事業を行う法人に対する譲渡所得の非課税規定（措法40）は，法人に対する贈与又は遺贈に関する所得税法59条1項1号の特別規定であり，所得税法59条1項2号に規定する低額譲渡に係るみなし譲渡所得に関しては適用がないことに注意が必要である。負担付贈与は所得税法59条1項2号に該当するから，公益法人等に対する譲渡所得の非課税規定（措法40）の規定の適用の余地はなくなる。公益法人等に単純に贈与する場合はその公益性に鑑み譲渡所得は非課税になるが，公益法人等に負担を求める場合は，譲渡所得は非課税にならないということである。

図表Ⅰ-28 個人から法人への負担付贈与に係るみなし譲渡規定適用有無判定フローチャート

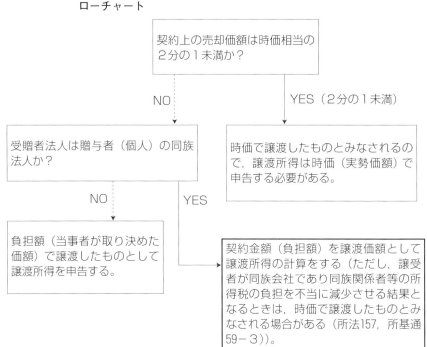

第 I 章　贈　与　　73

⑰　法人が受益者となる受益者等課税信託の課税関係

　受益者等課税信託において，委託者である居住者がその有する資産を信託し
（信託設定を行い），法人が適正な対価を負担せずに受益者やみなし受益者とな
る場合，その法人が対価を負担していないときは，信託目的財産（信託に関す
る権利に係る資産）を委託者である居住者から贈与により取得したものとされ
（所法67の3③），その法人が適正な対価より低い対価を負担しているときは，
その対価で委託者からその法人に対し譲渡したものとされる（所法67の3③括
弧書）。

　上記の場合において，法人に対する贈与又は低い価額による譲渡により信託
目的財産（信託に関する権利に係る資産）の移転が行われたものとされるとき
は，その居住者に対する課税においては，所得税法59条の規定の適用がある。
具体的には，信託設定が贈与とみなされる場合は，委託者は信託目的財産をそ
の資産を信託した時における時価で譲渡したものとみなされ（所法59①1，所
基通67の3-1），法人が負担した対価が信託財産の時価の2分の1未満であ
るときは時価で譲渡したものとみなされる（所法59①2，所基通67の3-1）。
法人が負担した対価が適正な対価である場合や時価の2分の1以上である場合
には，その対価の額による信託目的財産（信託に関する権利に係る資産）の移
転が行われたものとして贈与者である個人に対し譲渡所得課税が行われる。

　受益者等課税信託が設定され，既存の受益者やみなし受益者が居住者であり，
かつ，既存の受益者等以外に新たに受益者等となった法人が適正な対価を負担
しなかったとき，居住者である一部の受益者等が存しなくなった時に既存の受
益者等である法人が適正な対価を負担しないで信託に関する権利について新た
利益を受ける者となるとき，受益者等課税信託が終了したときにおいて，信託
の終了直前の受益者等が居住者であり，かつ，残余財産の給付を受けるべき又
は帰属すべき者となる法人が適正な対価を負担せずにその給付を受けるときも
同様である（所法67の3④⑤⑥）。

　なお，受益者等課税信託においては，受益者やみなし受益者・特定委託者が

信託に関する権利の全部を有していない場合でも，受益者等が一ならばその信託に関する権利（信託目的財産・債務）の全部を有するものとみなされ，受益者等が二以上ならば，その信託に関する権利の全部をそれぞれの受益者等が有する権利の内容に応じて有するとみなされることとされている（所令197の3⑤）。

第Ⅰ章 贈 与　75

(18) 相続税の法定申告期限までに行う公益法人等への贈与（措法70）

1　公益法人等への贈与

　相続又は遺贈により財産を取得した者が国（注１）若しくは地方公共団体（注２）又は特定の公益法人等（対象となる公益法人は施行令で限定列挙されている（P78参照）。所得税の寄附金控除の対象となる公益法人等より範囲が狭いので注意が必要。），認定特定非営利活動法人に対して相続又は遺贈により取得した財産を贈与した場合（死因贈与は除く。），①その贈与が相続税の申告期限までに行われていること，②その贈与によって，その贈与者又はその贈与者の親族等の相続税又は贈与税の負担が不当に減少する結果になると認められないこと，③相続税の申告書に，非課税の規定の適用を受けようとする旨及びその贈与財産の明細等を記載するとともに，④贈与を受けた法人等の贈与を受けたことの証明書，その受贈者が相続税の非課税規定の適用がある公益法人に該当する旨の主務官庁又は所轄庁の証明書等を添付する等の要件を具備しているときには，その財産は相続税の非課税財産となる（措法70，措規23の３④）。

　上記の法人で贈与を受けたものが，贈与があった日から２年を経過した日までに上記の法人に該当しないこととなった場合又は贈与により取得した財産を同日においてなおその公益を目的とする事業の用に供していない場合には，贈与財産の価額は相続又は遺贈に係る相続税の課税価格の計算の基礎に算入する。

（注１）「国」には，政府の出資により設立された法人を含まないものとし，「地方公共団体」とは，都道府県，市町村，特別区，地方公共団体の組合，財産区及び地方開発事業団をいい，地方公共団体の出資により設立された法人は含まれない（措通70－１－１）。公立の学校等国又は地方公共団体の設置する施設の建設又は拡張等の目的をもって設立された後援会等に対する財産の贈与（死因贈与は除く。）であっても，その贈与財産が最終的には国又は地方公共団体に帰属し，又は帰属することが明らかな場合には，国又は地方公共団体に対する贈与に該当するものとして取り扱われる（措通70－１－２）

（注２）地方自治法１条の３に規定する「地方公共団体」とは，都道府県，市町村，

特別区，地方公共団体の組合，財産区及び地方開発事業団をいう。

　この規定の適用対象となる「相続又は遺贈により取得した財産」には，相続
又は遺贈により取得したものとみなされる死亡保険金，死亡損害保険金，死亡
退職金，保険に関する権利（相法3）及び贈与又は遺贈により取得したものと
みなされる低額譲受等の経済的利益（相法7，9）相続税法の信託に関する特
例（集団投資信託，法人課税信託，退職年金等信託を除く。）の規定により相
続又は遺贈により取得したものとみなされた信託に関する権利及び信託財産を
含み，一定の要件を具備すれば，その財産については相続税が非課税となる
（措通70－1－5）。相続開始前3年以内に当該相続に係る被相続人から贈与に
より取得した財産でその価額が相続税の課税価格に加算されるもの（相法19）
並びに相続時精算課税の適用を受ける財産（相法21の15①，21の16①）は含ま
ない。
　生命保険金や死亡退職手当金の非課税金額の計算については，相続人又は受
遺者が受け取った生命保険金又は死亡退職手当金から国等に贈与した金額を控
除した後の金額を基礎として計算することになる（相基通12－9，12－10）。
　本規定の対象となる「相続又は遺贈により取得した財産」とは相続又は遺贈
により取得した財産そのものをいうのであり，たとえば，次の1の(1)から(7)ま
でに掲げる財産は「相続又は遺贈により取得した財産」に該当するものとして
取り扱われる。したがって，次の2の(1)又は(2)に掲げる場合に該当して取得し
たそれぞれに掲げる財産は該当しないものとされる（措通70－1－6）。

(1)　「相続又は遺贈により取得した財産」に該当する財産

①　相続又は遺贈により取得した建物等が火災により焼失した場合において，
　当該焼失に伴って取得した火災保険金（被相続人又は遺贈者（死因贈与に
　よる贈与者を含む。）が契約者であるものに限る。）

②　相続又は遺贈により取得した財産について租税特別措置法33条の4第1
　項《収用交換等の場合の譲渡所得等の特別控除》に規定する「収用交換
　等」による譲渡があった場合において，当該収用交換等に伴い取得した財

第Ⅰ章 贈 与　77

産

③　相続又は遺贈により取得した株式発行前の株式，株式の割当てを受ける
　　権利又は株主となる権利について新株の割当て又は交付があった場合にお
　　いて，当該割当て又は交付により取得した新株式（当該新株式の払込金額
　　が旧株式の取得者である相続人等により負担されたものである場合におけ
　　る当該相続人等の払込金額に係る部分を除く。）

④　相続又は遺贈により取得した株式等の発行法人について合併若しくは分
　　割又は解散があった場合において，当該合併若しくは分割又は解散により
　　取得した株式，金銭等

⑤　相続又は遺贈により取得した証券投資信託又は貸付信託の受益証券につ
　　いて信託期間が満了した場合において，当該満了により取得した金銭

⑥　相続又は遺贈により取得した貸付金債権について弁済期限が到来した場
　　合において，当該弁済により取得した金銭

⑦　相続又は遺贈により取得した預貯金の払戻しを受けた場合において，当
　　該払戻しを受けた金銭

⑵　「相続又は遺贈により取得した財産」に該当しない財産

①　相続又は遺贈により取得した財産について譲渡があった場合において当
　　該譲渡により取得した財産（１の⑵の収用交換等に伴い取得した財産を除
　　く。）

②　相続又は遺贈により取得した証券投資信託又は貸付信託の受益証券につ
　　いて信託契約の解約があった場合において，当該解約により取得した金銭

⑶　相続又は遺贈により取得した財産を著しく低い価額で国等に譲渡した場
　　合

相続又は遺贈により財産を取得した者が，その取得財産を国，地方公共団体，
特定の公益法人，認定特定非営利活動法人に対して著しく低い価額の対価で譲
渡した場合には，相続税評価額から譲渡対価額を控除した金額に相当する部分
について本非課税規定の適用が可能である（措通70－１－８）。

⑷　香典返しに代えてする贈与

　相続又は遺贈により財産を取得した者が，弔問者に対する香典返しとしてする物品の供与に代え，香典として取得した金銭等の全部又は一部を国等に贈与した場合におけるその金銭等の贈与については，本非課税規定の適用はない（措通70－1－9）。

⑸　贈与先に該当する公益法人等

　贈与先に該当する公益法人等（既設の法人に限られ，設立のためにする贈与は含まない（措通70－1－3）。）とは次のものをいう（措令40の3）

①　独立行政法人

②　国立大学法人及び大学共同利用機関法人

③　地方独立行政法人で地方独立行政法人法21条1号又は3号から6号までに掲げる業務（同条3号に掲げる業務にあっては同号チに掲げる事業の経営に，同条6号に掲げる業務にあっては地方独立行政法人法施行令6条1号又は3号に掲げる施設の設置及び管理に，それぞれ限るものとする。）を主たる目的とするもの

④　公立大学法人

⑤　自動車安全運転センター，日本司法支援センター，日本私立学校振興・共済事業団及び日本赤十字社

⑥　公益社団法人及び公益財団法人

⑦　私立学校法3条に規定する学校法人で学校（学校教育法1条に規定する学校及び就学前の子どもに関する教育，保育等の総合的な提供の推進に関する法律2条7項に規定する幼保連携型認定こども園をいう。）の設置若しくは学校及び専修学校（学校教育法124条に規定する専修学校（注））の設置を主たる目的とするもの又は私立学校法64条4項の規定により設立された法人で専修学校の設置を主たる目的とするもの

⑧　社会福祉法人

⑨　更生保護法人

第Ⅰ章 贈与 79

（注）上述⑦の専修学校は，次のいずれかの課程による教育を行う専修学校をいう（措規23の３）。

（イ）　学校教育法125条１項に規定する高等課程でその修業期間（普通科，専攻科その他これらに準ずる区別された課程があり，一の課程に他の課程が継続する場合には，これらの課程の修業期間を通算した期間をいう。（ロ）において同じ。）を通ずる授業時間数が2,000時間以上であるもの

（ロ）　学校教育法125条１項に規定する専門課程でその修業期間を通ずる授業時間数が1,700時間以上であるもの

　「一般社団法人及び一般財団法人に関する法律及び公益財団法人の認定に関する法律の施行に伴う関係法律の整備等に関する法律」により旧民法34条法人は平成20年12月１日より５年以内に一般社団法人又は一般財団法人に移行（公益認定等委員会の認定を受けることができる法人は公益社団法人若しくは公益財団法人に移行）した（移行しなかった場合は解散したものとみなされた。）。

　移行の登記の前日までの間は旧民法34条法人に対し相続財産を贈与した場合の本非課税規定の適用については，平成20年11月30日以前と同様とするとの経過措置が講じられた（平成20年改正措令附則57①②③④⑤，平成20年改正措規附則30①②，民法34条は平成20年12月１日以降削除された。）。

2　特定公益信託の信託財産への支出

　相続又は遺贈により財産を取得した者が，取得した財産に属する金銭を相続税の申告書の提出期限までに認定特定公益信託の信託財産とするために支出した場合には，その支出により支出をした者又はその親族その他これらの者と特別の関係がある者の相続税又は贈与税の負担が不当に減少する結果となると認められる場合を除き，支出した金銭の額は，相続又は遺贈に係る相続税の課税価格の計算の基礎に算入しない。

　金銭を受け入れた認定特定公益信託が受入れの日から２年を経過した日までに認定特定公益信託に該当しないこととなった場合には，支出した金銭の額は，相続又は遺贈に係る相続税の課税価格の計算の基礎に算入する。

　相続又は遺贈により財産を取得した者が，相続税の申告書の提出期限までに認定特定非営利活動法人に対し，当該認定特定非営利活動法人の行う特定非営

利活動に係る事業に関連する贈与をした場合について準用する（措法70⑩）。

　上記のいずれの場合も上記の欠格事由が生じた場合には，２年を経過した日の翌日から４月以内に修正申告書又は期限後申告書を提出し，かつ，その期限内に納付すべき税額を納付しなければならない。

第Ⅰ章 贈 与　81

⑲　法人から個人に対する贈与（相法21の３①一）

1　贈与者

　法人が個人に財産を贈与したときは，法人は当該財産を時価で譲渡したものとみなされ，含み益があれば，法人税法上，その含み益を益金の額に算入する（法法22②）。含み損があれば損金の額に算入する（法法22③）。

2　受贈者

　贈与税は相続税の補完税であるから，納税義務者である受贈者は原則として個人に限るとともに，贈与者も個人に限る。相続が開始することのない法人については，相続税の課税原因が生ずることもないので，相続税の補完税としての贈与税の課税も行われない。

　個人が法人（注）から贈与により取得した財産は一時所得とされ，贈与税は非課税とされている（相法21の３①一，所法34，所基通34－１）。法人格を有さない代表者又は管理者の定めのある人格のない社団又は財団から贈与により取得した財産についても法人からの贈与に準じ，一時所得とされ，贈与税は課税されない（相法21の３①一，相基通21の３－２，所法34，所基通34－１）。

（注）法人には，株式会社などのほかに，国，地方公共団体，外国法人を含む（相基通21の３－１）。

図表Ⅰ－29　法人から個人に対する贈与に係る課税関係

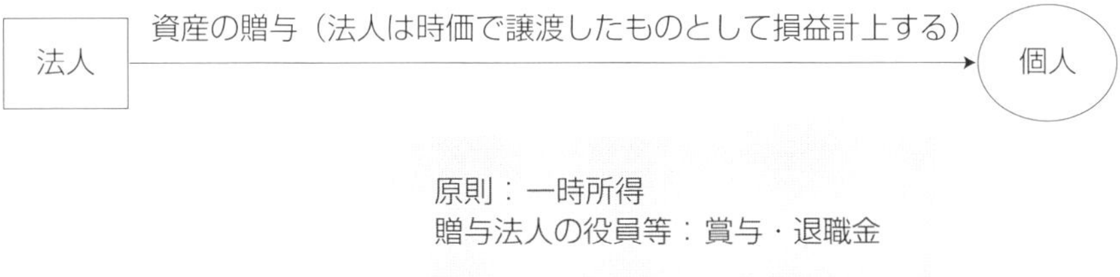

```
          資産の贈与（法人は時価で譲渡したものとして損益計上する）
┌─────┐ ───────────────────────────────────────────→  ╭─────╮
│ 法人 │                                                    │ 個人 │
└─────┘                                                    ╰─────╯
```

原則：一時所得
贈与法人の役員等：賞与・退職金

【個人に対する贈与と法人の経理】

　法人が個人に財産を贈与する場合，企業会計上，全額が費用とされる場合で

あっても，法人税法上は特定の寄附金を除き一定の限度を超える金額は損金の額に算入されないこととされている（法法37）。また法人の役員等が個人として負担すべき性格をもつ支出は，その者に対する賞与や退職金（継続して行われる場合は給与）であり，交際費や福利厚生費等に該当する支出は寄附金から除かれる（法法37⑦，法基通9－4－1～9－4－2の2）。

　寄附金の損金算入限度額は，①一般の寄附金，②完全支配関係のある他の法人に対する寄附金，③国又は地方公共団体に対する寄附金，財務大臣が指定した寄附金，④特定公益増進法人などに対する寄附金の別により図表Ⅰ－30のとおり異なる（法法37，措法66の11の2②）。

図表Ⅰ－30　**寄附金の区分による取扱い**

	寄附金の区分	取扱い
イ	一般の寄附金	資本金等の額と所得の金額に基づいて計算した金額まで損金算入できる。
ロ	完全支配関係がある他の法人に対する寄附金	全額損金算入できない。
ハ	国又は地方公共団体に対する寄附金	全額損金算入できる。
ニ	財務大臣が指定した寄附金（指定寄附金）	
ホ	特定公益増進法人に対する寄附金	イとは別枠の限度額の範囲内の金額まで損金算入できる。
ヘ	特定公益信託財産とするために支出する金銭等（公益増進信託に限る。）	
ト	認定特定非営利活動法人（認定NPO法人）に対する寄附金	
チ	国外関連者に対する寄附金	全額損金算入できない

（出典：税務大学講本『法人税法（平成30年度版）』P90）

第 II 章
遺　贈

　人が死亡したときにその人の財産を誰に帰属させるかについて民法は遺言相続と法定相続の２つの制度を用意している。遺言相続における「遺言」は，人が自らの死後に自分の所有していた財産を誰に帰属させるかを自分の意思で決定できる制度である。

　遺贈には①全部包括遺贈（すべての財産を１人の者に遺贈する。），②割合的包括遺贈（長男，長女に２分の１ずつ遺贈するなど。），③特定遺贈（特定の物を特定の者に遺贈する。），④負担付遺贈，⑤清算型の遺贈（遺産を換金して遺贈する。）の５種類があり[1]，遺言があっても，必ずしも具体的にどの遺産が誰に帰属するかが決まるわけではない。全部包括遺贈や特定遺贈の積み重ねで被相続人がすべての遺産の帰属者を指定しているときは，原則として，遺言により財産の帰属者が決まる。遺言があっても相続分の指定や部分的割合の包括遺贈などでは，割合的帰属は決まっても，特定の遺産が誰に帰属するかを決めるために遺産分割協議が必要となる。遺産の承継・帰属は遺言を原則とし，補充的に法定相続制度があるのが民法の建前である[2]。

（1）『家族法』P328。
（2）埼玉弁護士会編　『遺留分の法律と実務』P４。

遺言

1　遺言

　遺言は遺言者の真意を確実に実現させる必要があるため，厳格な方式が定められている。遺言の方式には大きく分けて自筆証書遺言，公正証書遺言，秘密証書遺言という3つの方式がある[3]。これら，民法の定める方式に従わない遺言はすべて無効である。「あの人は，生前こう言っていた」などといっても，どうにもならない。録音テープやビデオにとっておいても，それは，遺言としては，法律上の効力がない。

　自筆証書遺言ならば全文を自筆し，作成日付を記載し自署押印しておくだけでよいのだが，せっかく書いた遺言書をどこに保管しておくか悩みどころである。生前に誰かに読まれてしまうのも困るし，かといって自分がいなくなった後に見つけてもらえなければ何の価値もない。信頼できる友人に預けておくのもよいが，その友人が先に亡くなってしまったら上手に返してもらうすべがあるだろうかなどという贅沢な悩みもある。

　公正証書遺言ならば正本が公証人役場に保管され[4]，遺言書の存在自体は公に確認できる状態にある。これに対し，自筆証書遺言などは，存在すること自体が公にされていないのであるから遺言を作成した本人の死後，遺言書が存在していることを公に確認してもらい，発見された遺言の保存を確実にして後の変造や隠蔽を防ぐ必要がある。検認はそのための手続きであり，我が国では遺言の有効無効を判断する手続きではない。遺言が封印されていた場合は，裁判所により開封し，利害関係人に遺言の内容を確知させる目的もある。

　公正証書遺言以外の遺言書を保管していた者や遺言書を発見した相続人は，相続開始後遅滞なく家庭裁判所に検認請求を行うことになっているので，我々が取り扱う遺言書は原則として公正証書遺言か，検認を受けた遺言書に限られる（民法1004①）。

---

　(3)　日本公証人連合会ホームページに遺言のQ&Aが掲載されている。
　(4)　公正証書遺言は遺言者が130歳になるまで公証人役場に保管される。

検認手続きは遺言の有効性を判定するものではない[5]ので要式を欠いた遺言書も検認を受けることができる。封印された遺言書も封印されていない遺言書も検認を怠ると5万円以下の過料に処せられるが（民法1005），検認を怠ったからといって遺言としての効力に影響は生じない。

　日付の異なる遺言が複数あるときは，日付の新しい遺言が有効だが，後の日付の遺言が要式を欠いたり，遺言意思能力がないときに書かれたりしているなど新しい日付の遺言が無効になる可能性もあるので日付の古い遺言も一応検認を受けておくメリットはあるとされている[6]。

　封印のある遺言書は，家庭裁判所において相続人又はその代理人の立会いをもってしなければ開封することができない（民法1004③）。家庭裁判所外において開封すると過料に処せられるから（民法1005），封印された遺言書を発見したときには注意が必要である（単に封入されている場合は中を見ても大丈夫）。

　自筆証書遺言については，より使いやすいものにすることにより利用を促進するため，「民法及び家事事件手続法の一部を改正する法律」及び「法務局における遺言書の保管等に関する法律」が平成30年7月6日に成立し，その方式が緩和され，法務局に保管する制度が新たに設けられた。

　自筆証書遺言の方式緩和は，平成31年1月13日から，自筆証書遺言の相続財産等の目録について，自筆を要しないこととし，パソコンでの作成や通帳のコピー等でよいがそれら自書によらない目録には署名押印（両面の場合にはその両面に署名押印が必要）をしなければならないとされた（民968条②）。

　自筆証書遺言に係る遺言書保管制度は，令和2年7月10日から，法務局の担当官が形式上の不備の有無を確認した遺言書を安全に保管し遺言書の検認が不要となる。

---

[5] 大決大4.1.16民録21.8。なお，アメリカでは，遺言書が真正なものかを検認する手続き（probate）が裁判所で行われる。裁判であるためすべて公開される。樋口範雄『入門　信託と信託法』P57。

[6] 『判例タイムズ1100　家事関係裁判例と実務245題』「家庭裁判所における開封・検認手続の実際」P478～479，『遺産分割事件処理マニュアル』P120。

これらの改正等により，自筆証書遺言の欠点のいくつかが解消されることになるが，遺言書の内容については審査される仕組みになっていないため，内容に法的な問題を含む遺言書が作成されることも否ない。

2　遺言無効確認の訴えと遺言に基づく申告

遺言は無効であるとして，遺言無効確認の訴えが提起されているときでも，一見，形式上有効な遺言があれば遺言に基づき申告を行えばよい。遺言により一切の財産を取得しないとされている者（みなし相続財産である死亡保険金や死亡退職金も取得していない者）が遺言の無効を主張している当事者であるとき，税務上は遺言が無効であることが裁判で確定するまでは申告を行う必要はない。

裁判により（遺言の署名は本人の筆跡ではないなどの理由で）遺言が無効であることが確定したときは，法定相続による分割協議が開始される。取得する遺産が減少し，納税額も減少する者は，判決が確定した日の翌日から4カ月以内に更正の請求を行う。

新たに遺産を取得し納税しなければならない者は期限後申告書を提出することができる（相法30）。法定申告期限の翌日から期限後申告を行った日，又は税務署長が決定処分の通知を発した日までの延滞税は課されない（相法51②）。

無申告加算税も課税されない（課資2－264平成12年7月3日「相続税，贈与税の過少申告加算税及び無申告加算税の取扱いについて」）。遺言が有効ならば取得しないはずの遺産を申告しなかったことは，その遺産を申告しなかったことについて遅滞責任を問うことができない正当な理由があると認められるからである（通法65④，32⑥，通令8②）。

このように，形式上有効な遺言があれば，遺言無効を主張する者でも遺言に基づいた財産の分配を前提として相続税の申告を行えばよく，税法もこれを正当事由とみているのだが，自己の主張に沿った申告をしておかないと訴訟上不利になるという考え方からか，往々にして，遺言無効を主張する当事者は，遺言が無効であるという前提で相続税の申告を行う傾向がある。このような申告が行われると二重課税の状態が生ずる。

【設例】
　甲には，すでに亡くなっている先妻との間に2人の実子がいるが，遺言で全財産を内縁の妻Yに遺贈して亡くなった。
　実子X1，X2は遺言が無効であるとして遺言無効確認訴訟[7]を提起し，遺言無効を前提にすべての財産をX1，X2が相続したとして法定相続分により申告した。
　内縁の妻Yは，遺言に基づきすべての財産を相続した内容の相続税の申告を所轄税務署長に提出した。

図表Ⅱ-1　設例関係図

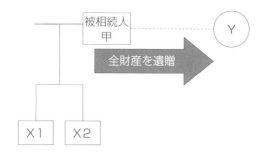

　1つの遺産につき，2つの申告書が提出され，二重課税が生じている。このような事例で税務署長はどのような処理を行うのだろうか。
　税務署長は，遺言の有効性につき独自の事実認定を行い，課税処分をする。税務署長は，法令上の調査権限に基づき収集した資料を基に遺言が有効であるか無効であるかの事実認定を行い，財産の帰属者を認定し，修正申告の指導や更正処分を行うのが基本である。

　当事者が裁判所に提出している資料や調査により独自に収集した資料を基に，①形式上有効な遺言であるか，②遺贈者は作成時に遺言能力があったか，③詐欺・脅迫の事実がなかったか，④訴訟終結はいつごろになる見通しかなどを調

---
(7) 遺言無効確認訴訟の適法性については肯定されている（最判昭47.2.15第三小法廷民集26・1・30）。

査し，遺言の有効性について判断したところにより課税処分を行う。訴訟終結が近く，課税上弊害がなければ訴訟終結を待って課税処分を行う。税務署長は，遺言の有効性が高いと判断すればX1，X2に対して二重課税を排除するために減額更正処分を行う。

遺言作成時に被相続人は植物状態にあるなど，遺言が無効である可能性が極めて高いと判断すれば，Yに対して減額更正処分を行うこととなる（ただし，このような事実認定は非常に難しいので，形式上有効な遺言があれば，通常は遺言に基づいた申告を認容することとなろう。）。税務署長が調査を行いどちらかの申告を取り消さなければ，遺言無効確認の判決が確定するまで二重課税の状態が継続することになる。

この事例で，両者ともに無申告ならば，税務署長は，遺言が有効である可能性が高いか，無効である可能性が高いかを独自に判断して課税処分（この場合，決定処分）を行うこととなる。本来裁判所が最終判断をする権限を有している事項であるにもかかわらず判決が確定するまでに税務署長が独自の判断で課税処分を行うのは，このような処分ができないとすれば，除斥期間を有する我が国の税法下では課税漏れをみすみす見逃すことになりかねないからである。

遺言無効確認訴訟の確定判決が出た時点で，税額が減少する当事者は，確定判決があった日の翌日から4カ月以内に税務署長に対し更正の請求を行うことになる（相法32①六，相令8②一）。

判決で遺言無効が確認された場合は，受遺者Yは法定相続人ではないので遺言が無効ならば遺産を取得することはできず，納税義務は消滅する。受遺者Yは4カ月以内に更生の請求を行い，いったん納めた税金の還付を受ける手続きをとることとなる（相法32①六，相令8②一）。

上の例で，内縁の妻Yは相続の申告を行っていたが，実子Xは，納税資金がないこともあり，法定申告期限までに申告書の提出は行わないうちに遺言無効の判決が確定した場合は，X1，X2は決定があるまではいつでも期限後申告書を提出することができる（相法30）。

税務署長は，X1，X2から期限後申告書の提出がなければ決定処分[8]を行う。Yからの更正の請求があった日から1年又は国税通則法70条（通常の更正決定に関する除斥期間）の規定によりX1，X2に対し決定をすることができなくなる日とのいずれか遅い日までにX1，X2に対し決定処分を行う（相法35③④）。

X1，X2に対する延滞税は，期限後申告書を提出する日から納税する日まで課税されるだけである。期限後申告を行った日に納税すれば延滞税は発生しない。相続若しくは遺贈又は贈与により取得した財産についての権利の帰属についての判決があったことにより期限後申告書の提出があったときは，法定申告期限の翌日から期限後申告書の提出があった日までの期間は延滞税の計算の基礎となる期間に算入されないこととされている（相法51②一ハ，32①六，相令8②一）。

X1，X2に対して無申告加算税は賦課されない（通法66①ただし書き：「期限内申告書の提出がなかったことについて正当な理由があると認められる場合」に該当する（課資2-264平成12年7月3日「相続税，贈与税の過少申告加算税及び無申告加算税の取扱いについて」）。

図表Ⅱ-2 遺言無効判決による更正の請求と期限後申告

---

(8) 税務署長は，納税申告書を提出しなければならない義務があると認められる者が当該申告書を提出しなかった場合には，その調査によって課税価格及び相続税額又は贈与税額を決定する（通法25）。

3 遺留分減殺請求と遺言に基づく申告

　兄弟姉妹以外の相続人は遺留分を持つ（民法1028）。遺言が有効であっても，相続人が配偶者，直系尊属，子又は子の代襲相続人などの遺留分権利者であれば遺留分減殺請求権を行使し，遺留分に相当する財産を取り戻すことができる。平成30年法律第72号 [(9)] において物権的請求権が削除され金銭的請求権が新設されたため，取り戻すことができるものは，金銭でということになる。

　減殺請求があっただけでは具体的な金額が確定せず，実務上，確定までに長期間を要することが多い。減殺請求を行った側は減殺請求の意思表示を行っただけでは遺産を手にしているわけではなく，遺留分減殺請求を受けた側は，支払うべき金額が定まらなければ財産計算をすることが実務上困難であり，更正の請求期限である4カ月では対応できない。

　このことから平成15年の改正により遺留分減殺請求権を行使した者は，持戻額が確定するまで相続税の申告義務はないこととされ，遺留分減殺請求を受けた者（被減殺者）は，遺留分の減殺請求により返済すべき又は弁償すべき額が確定したことを知った日の翌日から4ヵ月以内に限り更正の請求ができるとされている（相法32①三） [(10)]。減殺請求者には，取戻額が確定した時点で新たな納税義務が生じる。この場合，相続税法30条（期限後申告の特則）により，取戻額が確定した時から決定処分を受ける時まで期限後申告書を提出することができる。

　減殺請求者が死亡保険を取得しているなどの理由により当初申告書を提出しているときは，取戻額が確定し納税額に不足が生じた時から更正処分を受けるまではいつでも修正申告書を提出することができる（相法31①③）。

　税務署長は，減殺請求者が自主的に期限後申告書又は修正申告書を提出しないときは，更正又は決定を行う。税務署長が更正又は決定できる期間は相続税法32条3号《更正の請求の特則》による更正の請求が行われた日から1年を経過した日と国税通則法70条《国税の更正・決定等の期間制限》の規定により更

---

(9) 平成30年7月6日に成立した「民法及び家事事件手続法の一部を改正する法律（平成30年　法律第72号）」
(10)最判昭35.7.15民集14・9・1779他。

正又は決定をすることができないこととなる日とのいずれか遅い日までとされている（相法35③）。

　加算税は課税されない。延滞税も期限後申告又は修正申告を行う日までに納付すれば課税されない（通法66①ただし書き，相法51②ニハ，相続税個別通達課資２−264相続税，贈与税の過少申告加算税及び無申告加算税の取扱いについて（事務運営指針）第１・１・⑶・イ）。相続税の計算の基礎となる権利関係が変動したことによる修正申告や期限後申告であり，過少または無申告に関し正当事由があるためである。

② 更正の請求

相続税又は贈与税の申告に誤りがあり過大納付となっていたときには法定申告期限から相続税は5年，贈与税は6年以内に国税通則法23条1項の規定（贈与税については相続税法32条2項に読替規定あり。）により更正の請求をすることができる。

また，同法は，法定申告期限後に生じた後発的事由等による場合には，それらの事由が生じた日の翌日から2月以内に更正の請求をすることができることとしている（通法23②）。

相続税法においては，さらに未分割財産が分割されたこと，強制認知が行われ相続人に異動が生じたことなど相続税特有の事由があることから，それらの事由が生じた日の翌日から4月以内に更正の請求をすることができる特別規定を置いている（相法32）。なお，相続税法32条と国税通則法23条の規定が重複する場合は，特別法である相続税法の規定が優先する。

1 相続税法による更正の請求事由

(1) 共同相続人によって分割されていない財産の分割が行われ課税価格が変動したこと

(2) 強制認知の訴え又は推定相続人の廃除等の規定による認知，相続人の廃除又はその取消しに関する裁判の確定，相続回復請求権に規定する相続の回復，相続の承認及び放棄の撤回及び取消しの規定による相続の放棄の取消しその他の事由により相続人に異動を生じたこと

(3) 遺留分侵害額の請求に基づき支払うべき金銭の額が確定したこと [11]

(4) 遺贈に係る遺言書が発見され，又は遺贈の放棄があったこと

(5) 条件を付して物納の許可がされた場合（同法48条2項の規定によりその

---

(11) 平成30年7月6日に成立した「民法及び家事事件手続法の一部を改正する法律（平成30年　法律第72号）」に合わせるため，平成31年税制改正により，「遺留分による減殺の請求に基づき返還すべき，又は弁償すべき額が確定したこと」から改正された。

許可が取り消され，又は取り消されることとなる場合に限る。）において，その条件に係る物納に充てた財産の性質その他の事情に関して以下に掲げるものが生じたこと

・物納財産が土地である場合において，その土地の土壌が土壌汚染対策法2条1項に規定する特定有害物質その他これに類する有害物質により汚染されていることが判明したこと（相令8①一）

・物納財産が土地である場合において，その土地の地下に廃棄物の処理及び清掃に関する法律2条1項に規定する廃棄物その他の物で除去しなければその土地の通常の使用ができないものがあることが判明したこと（相令8①二）

(6) 上記(1)から(5)に準ずる次の事由が生じたこと

・相続若しくは遺贈又は贈与により取得した財産についての権利の帰属に関する訴えについての判決があったこと（相令8②一）

・民法910条（相続の開始後に認知された者の価額の支払請求権）の規定による請求があったことにより弁済すべき額が確定したこと（相令8②二）

・条件付の遺贈について，条件が成就したこと（相令8②三）

(7) 相続税法4条《特別縁故者に対する財産分与》に規定する事由が生じたこと

(8) 法定申告期限までに配偶者が取得する遺産が確定していないため配偶者の相続税額の軽減（相法19の2②）を受けることができず，3年以内分割見込書を提出していた場合，分割が行われた時以後においてその分割により取得した財産に係る課税価格又は相続税額が分割の行われた時前において確定していた課税価格又は相続税額と異なることとなったとき

(注) この場合，相続税法32条の規定による更正の請求のほか国税通則法23条の規定による更正の請求もできるので，その更正の請求の期限は，当該分割が行われた日から4月を経過する日と相続税法27条1項に規定する申告書の提出期限から5年を経過する日とのいずれか遅い日となるのであるから留意する（相基通32-2）。

94

(9) 贈与税の課税価格の基礎に算入した財産のうち相続開始前3年以内の贈与税の加算（相法21の2④）の規定に該当するものがあったとき

図表Ⅱ-3 国税通則法と相続税法により更正の請求ができる事由と期間

区分		事由等		期間	根拠条文
国税通則法による更正の請求	一般的な場合		申告書に記載した課税価格又は税額（更正があった場合には更正後の課税価格又は税額）に誤りがあったことにより納付すべき税額が過大であるとき	相続税は法定申告期限から5年以内 贈与税は法定申告期限から6年以内	通法23① 相法32②
	後発的事由による場合	①	申告，更正又は決定に係る課税価格又は税額の計算の基礎となった事実に関する訴えについての判決等により，その事実が計算の基礎としたところと異なることが確定したとき	その確定した日の翌日から起算して2か月以内	通法23②一
		②	申告，更正又は決定に係る課税価格又は税額の計算にあたって，その申告をし又は決定を受けた者に帰属するとされていた財産が他の者に帰属するものとする当該他の者に係る国税の更正又は決定があったとき	当該更正又は決定があった日の翌日から起算して2か月以内	通法23②二
		③	法定申告期限後に生じた①又は②に類する国税通則法施行令6条に定めるやむを得ない理由があるとき	当該理由の生じた日の翌日から起算して2か月以内	通法23②三，通令6
相続税法による更正の請求			相続税又は贈与税について申告書を提出した者又は決定を受けた者で本文の「相続税法による更正の請求事由」(1)から(9)に掲げる事由のいずれかに該当することによってその申告又は決定に係る課税価格及び相続税額又は贈与税額が過大となったとき。修正申告書の提出又は更正があった場合には，修正申告又は更正に係る課税価格及び相続税額又は贈与税額が過大となったとき。	当該事由が生じたことを知った日の翌日から4か月以内	相法32① 相令8

2　国税通則法71条による場合（期間制限の特例）

　前述1の相続税法32条（更正の請求の特則）に該当する事由による税務署長が職権で行う減額更正は，32条所定の事由が生じたときが国税通則70条に規定する更正又は決定をすることができる期間の満了の日より後に到来する場合に

おいても３年間はすることができる。（通法70，71①二，通令30，通令24④，通法23②一・三，相法32，相令８②）。

3　国税徴収権の消滅時効の特則（相法50①）

　更正の請求の特則（相法32①一から六）に規定する事由が生じたため，新たに相続税の申告書を提出すべき要件に該当することとなった者は，期限後申告書を提出することができ，期限後申告書の提出がなければ税務署長が決定処分を行う。期限後申告又は決定処分による国税の徴収権は申告又は決定を行った日から５年間は消滅しない。

③ 遺言による財産処分の三類型

　一口に遺言といっても，遺言により行う財産処分には次の3つの種類がある。

① 　相続分の指定（民法902）

② 　遺産分割方法の指定（民法908）

③ 　遺贈（民法964）

　このうち，①相続分の指定と②遺産分割方法の指定は，遺言者が相続人に対して遺産の分け方をどうすべきか意思を表示する方法である。

　遺言者は，遺言で共同相続人の各相続分を指定することができる。法定相続分と異なった割合を決めることができるのである。これを相続分の指定という（民法902）。

　遺言者は，遺言で遺産の分割方法を指定することもできる（民法908）。特定の遺産を特定の相続人に相続させる旨の遺言は，遺言書の記載から，その趣旨が遺贈であることが明らかであるか又は遺贈と解すべき特段の事情のない限り，特定の遺産を特定の相続人に単独で相続させる遺産分割方法の指定の遺言と解すべきであり，その場合には，特定の資産につき，相続による承継を特定の相続人の意思表示にかからせたなどの特段の事情のない限り，何らの行為を要せずして，特定の遺産は被相続人の死亡時に直ちに相続により承継される（最判平3・4・19民集45巻477頁）。遺言で分割方法の指定がなければ，共同相続人全員の協議で分割する（民法907①）。協議で分割できないときは，請求により家庭裁判所が審判で定める（民法907②）。

　遺贈は，遺言によって自分の財産を無償で他人に与えることである。遺贈の相手方は相続人でなくてもかまわない。自然人だけでなく法人に対する遺贈ももちろん可能である。

　相続分の指定と遺産分割方法の指定は，遺贈と非常によく似た機能を果たすため，遺贈との区別が問題となる。いずれ遺言でなされるため遺言の解釈とい

う形で問題となる⁽¹²⁾。

　判例は，上記のように，特定の遺産を特定の相続人に「相続させる」旨の遺言についてであるが，「遺言書の記載から，その趣旨が遺贈であることが明らかであるか又は遺贈と解すべき特段の事情がない限り，遺贈と解すべきではない」としている。

図表Ⅱ－4　遺言の3類型と取得者区分

遺言による財産処分の3類型	法定相続人	法定相続人以外の者
① 相続分の指定	○	×
② 遺産分割方法の指定	○	×
③ 遺贈	△	○

(12) 内田貴　『民法Ⅳ』P483。

包括遺贈

　包括受遺者は相続人と同一の権利義務を有することから（民法990），被相続人の積極財産だけでなく消極財産たる債務も承継する。承継した債務は相続税の申告において債務として控除される。包括受遺者が被相続人の親族でなくとも，相続人と同一の権利義務を有するから負担した葬式費用を相続税の申告において控除することができる（相13）。包括受遺者は準確定申告の共同提出義務を負い，遺贈者の納税義務を承継する。相続人や包括受遺者が複数いる場合には，それぞれの者が承継する国税の額は，民法900条から902条までの規定（法定相続分・代襲相続人の相続分・遺言による相続分の指定）による相続分により按分して計算した額によるものとされている。その者の負担すべき国税の額が相続によって得た財産の額を超えるときは，その相続人（包括受遺者を含む。）はその額を限度とし，他の相続人がその納付義務を負うものと規定されている（通法5②③）。

（注）これに対し相続税の課税価格は，民法900条から903条（特別受益）による相続分により計算する。3年内加算の対象となる相続開始前の贈与は特別受益に当たるからである。

　包括受遺者が相続人でなければ[13]，次の規定は適用されない。

① 　基礎控除の計算上加算される相続人数（相法15）

　　ただし，基礎控除3,000万円の適用はある。遺産を承継するのは包括受遺者だけで，相続人はゼロの場合でも，基礎控除は3,000万円となる（相基通15-1）。

② 　生命保険金等及び退職手当金等に係る非課税金額（相法12①五，六，相基通12-8，12-10）

---

(13)「相続人に対する包括遺贈＝相続分の指定」だと解する説では，包括遺贈（たとえば，配偶者と子ども3人が相続人であるとき，法定相続分は6分の1の長男に対し遺産の3分の1を遺贈するというような割合的遺贈）は常に相続分の指定（6分の1の法定相続分を3分の1に変更する指定）となる。この説に立てば，相続人は包括受遺者になることはない。

第Ⅱ章　遺　贈　99

　これらの規定は，財産を取得した者が相続人であることが非課税規定の
適用条件であるからである。

③　相次相続控除（相法20，相基通20－1）

　これも財産を取得した者が相続人であることが適用要件になっているか
らである。

　なお，受遺者が遺贈者の一親等の親族及び配偶者以外の者であれば，相
続税の二割加算の対象となる（相法18）。

(5) 遺贈の放棄

1 特定遺贈の放棄

　特定遺贈は，遺言者の死亡後，いつでも放棄することができる（民法986①）。特定遺贈とは，「妻に自宅とすべての上場株式を与える」というように，特定の具体的な財産的利益を遺贈することである。受遺者に債務だけを負担させる遺言は遺贈ではない（大判大6.7.5.民録23.1276）。「長男に貸している貸付金を免除する」というように債務の免除をすることもできる。遺贈の効果は遺言者死亡の時に遡及する（民法986②）。

　受遺者が遺贈を放棄せずに死亡すると，その相続人が承認又は放棄をすることができる。ただし，遺言者が別段の意思を表示したときはそれに従う（民法988）[14]。特定遺贈の内容が可分であるときは，一部放棄もできる。しかし，一部放棄を禁ずる遺言であればそれに従うべきである[15]。

　債務免除の遺贈について放棄できるか否かについては争いがある。生前における債務免除が，債権者の単独行為により効果が生ずる（民法519）のに対し，遺言による債務免除についてだけ放棄することができるのは均衡がとれないこと，債務免除は受遺者にとり経済的利益に働くことから多数説は放棄できないとしている[16]。

　放棄により，受遺者が受けるべきであったものは，遺言に別段の定めがない限り，相続人に帰属する（民法995）。受遺者がいったん遺贈を承認した後に個々の受遺物についての権利を放棄することは自由だが，これは遺贈の放棄ではない[17]。放棄の効果は遺言者の死亡の時に遡及する（民法986②）し，撤回できない（民法989①）。法律行為の規定による取消しの主張は短期間に限って

---

(14) 受遺者が遺贈者の死亡以前に死亡した場合は遺贈の効力は生じない（民法994①）。ここは，遺言者が死亡し遺贈の効力が生じた後に受遺者が死亡した場合のことである。

(15) 『新版注釈民法（28）』P210。

(16) 『新版注釈民法（28）』P210。遺贈されたものは確定的に受遺者に帰属する。理論上，受遺者から他の相続人への分配は贈与税の課税対象となる。

(17) 『新版注釈民法（28）』P209。

認められる（民法989条による919条3項の準用）。

　遺贈義務者（遺贈の履行をする義務を負う者）その他の利害関係人には，受遺者に放棄するかどうか催告する権利が与えられている（民法987）。

　特定遺贈を受けた受遺者が相続人ならば，遺贈を放棄しても法定相続人として遺産分割協議に参加することができるが，受遺者が法定相続人以外の者ならば，放棄をした部分は相続する権利がなくなる。

2　包括遺贈の放棄

　包括遺贈とは，「遺産の全部を与える」とか「遺産の3分の1を与える」というように，遺産（積極財産及び消極財産）の全部又は一部の割合をもってする遺贈をいう。包括受遺者は，相続人と同一の権利義務を有する（民法990）。

　相続人とともに遺産を共有する状態になり，債務も承継し，具体的にどの財産をもらうか決めるために遺産分割協議にも参加することになる。

　相続人と異なる点は，包括受遺者には遺留分がないこと，条件や負担を付けることができることである。受遺者が相続開始以前に死亡すると，原則として遺贈は失効する。代襲相続も生じない（民法994）。

　包括受遺者は，相続人と同一の権利義務を有する（民法990）から包括遺贈の承認・放棄は特定遺贈と異なり法定相続人が行う相続放棄・承認・限定承認と同じ手続きで行う（民法915）。もし，遺贈者（被相続人）が債務超過であるときは，包括受遺者には，受遺者固有の財産で承継した債務を支払う義務が生じる（民法920）。

　このように，包括遺贈を受けた者は相続人と同様の立場に立つ。包括受遺者が複数いる場合や，財産の3分の1を与えるというような割合的包括遺贈を受けた場合は他の相続人と遺産分割協議をすることにより，承継したい財産を選ぶことができる。ところが，「財産の全部をあなたにあげる」という全部包括遺贈を受けた場合は，割合的包括遺贈と同様に他の相続人と遺産分割協議をすることができると解する説がある一方，他の相続人と遺産分割協議ができず全部包括受遺者はすべての権利義務を承継するか家庭裁判所で放棄手続きをとる

かの二者択一の選択権しかないと解する説がある。

後説では、遺贈を受けた財産のうち一部だけをもらうということができないので、仲の良い家族が遺産を相続するのに包括遺贈が障害となることがある。

被相続人（遺贈者）が法定相続人以外の家族にすべての財産を包括遺贈したところ、法定相続人である家族が遺産の一部を必要とするような場合である。

【設例】

被相続人甲は独身で亡くなった。親族は、母Aと妹Bである。甲は全財産を妹Bに遺贈する遺言を残したところ、甲の遺産の中に母Aが居住している土地と建物があった。母Aは、自分が住んでいる家は自分が相続したいと言い出した。相続人は母Aであり、妹Bは受遺者だが相続人ではない。全財産をBに与えるという内容の遺言であるから、この遺贈は、特定遺贈ではなく包括遺贈である。包括遺贈の受遺者は特定遺贈のように自由に遺贈の一部放棄ができない[18]。

図表Ⅱ-5 妹に遺産全部の包括遺贈があったケース

包括遺贈は相続人と同一の権利義務を有するから、相続放棄をするならば自己のために包括遺贈があったことを知った時から3カ月以内に承認又は放棄をしなければならない（民法915）[19]。期間内に限定承認又は放棄をしないと、包括遺贈を単純承認したものとみなされる（民法921②）[20]。

---

(18)「新版注釈民法（28）」P221。遺贈に関する民法986条ないし989条は特定遺贈に関する規定であり、包括遺贈に適用されない。
(19) 限定承認をすることもできるが、他に相続人や包括受遺者がいる場合には、これらの者と共同でなければ限定承認をすることはできない（民法923）。

第Ⅱ章 遺贈　103

　Bは，母Aと争う気持ちも必要もない。母Aの住んでいる家は母Aに相続してもらいたい。しかし，裁判所で相続放棄をすると，すべての遺産が唯一の相続人である母Aに帰属してしまう。もちろん，母Aが亡くなれば，娘Bが相続するが相続税を二度負担することになりかねない。

　母Aは，遺留分権利者である[21]。このケースでの遺贈は相続人である母Aの遺留分を侵害している。ただ，遺留分を侵害しても遺贈そのものは有効である[22]。

　母Aは遺留分権利者として遺留分減殺請求をしないかぎり，遺産についてなんらの権利も取得しない。

　問題は，母Aは遺留分の範囲（この場合，被相続人の財産の3分の1[23]）で家屋と敷地を相続することが（取り戻すことが）できるかということである。

　遺留分を侵害された相続人が遺留分減殺請求権を行使したことにより取り戻した財産（取戻財産）が相続財産に復帰し遺産分割対象となるかについて最高裁は，共同相続人の1人に対する全部包括遺贈に対し他の相続人が遺留分減殺請求権を行使したという事案につき「遺留分減殺請求権行使の結果遺留分権利者に帰属する権利は，遺産分割の対象となる相続財産の性質を有しない」としている（最判平8.1.26民集50・1・132判時1559・43）。

　1人の受遺者に遺産のすべてを遺贈するという全部包括遺贈がなされると，遺産は遺言が効力を生ずると同時に（遺産分割協議を行う必要はないので）当然に受遺者の固有財産となる。全部包括受遺者に対して遺留分減殺を行った場合は，受遺者個人に帰属した財産の一部が減殺者に帰属することになり，減殺者と被減殺者（包括受遺者）の物権共有状態を生ずることになる[24]。遺贈されたすべての遺産が減殺者と包括受遺者と共有になるのである。

---

(20) 遺産が債務超過のときは，包括受遺者は自己の固有財産をもってしても弁済の責を負わなければならない（無限責任）ことになる。（民法920）「新版注釈民法」P221。
(21) 民法は，兄弟姉妹を除く相続人（配偶者・子・直系尊属）を遺留分権利者としている（民法1028）。
(22) 全財産を第三者に全部遺贈する遺言も有効である（最判昭25.4.28民集4・4・152）。
(23) 遺留分の割合は，直系尊属のみが相続人となるときは被相続人の財産の3分の1，その他の場合は被相続人の財産の2分の1とされている（民法1028）。
(24) 埼玉弁護士会『遺留分の法律と実務』P142。

このような共有状態から脱する方法として，包括受遺者は減殺請求された財産の時価に相当する金銭を支払う方法を選択することができる。これを価額弁償という。母Aは自宅だけが欲しく，他の遺産は必要がないのである。ところが，遺留分減殺請求の結果，理論上，①すべての遺産について３分の１がA，残りの３分の２がBという物権共有状態になるか，②受遺者の判断でAの３分の１に対応する価額弁償を行うかの２つしか選択肢はないのである。理論上，Aは遺留分減殺請求を行って自宅だけを相続で取得することができないのである。

　「民法及び家事事件手続法の一部を改正する法律」が平成30年７月６日に成立し，民法1031条等を改め1046条１項で遺留分に関する権利行使により生ずる権利を金銭債権化しているため，令和元年７月１日以降，母Aは遺留分減殺請求を金銭で請求することしかできず，受遺者であるBは金銭を支払うことになり，母Aは遺留分減殺請求を行って自宅を相続で取得することができないこととなる。民法482条の代物弁済により，受遺者から金銭を支払うことに代えて自宅を相続人に取得させた場合，受贈者には価額弁償金を対価として自宅を相続人に譲渡したとして譲渡所得の課税が思慮され，課税庁にはこの点につき，相続の一連の流れとしてとらえた運用を期待する。

第Ⅱ章 遺 贈　105

⑥ 高度の公益事業を行う個人及び人格なき社団・財団に対する相続又は遺贈に係る非課税財産規定

　公益事業とは不特定多数の者の利益に寄与する事業をいう。公益事業を行う個人に賛同し遺贈を行っても受遺者に課税すると，民間人による公益事業の保護育成を阻害することとなる。また，公益事業を営んでいる個人が亡くなり相続が開始した場合，公益事業用財産が課税対象となると事業を承継した相続人の事業運営上の負担となる。そこで，相続税法は，公益を目的とする事業を行う者で，その事業活動により公益の増進に寄与することが著しいと認められる者が相続又は遺贈により取得した財産で，その公益を目的とする事業の用に供することが確実なものは，相続税の課税価格に算入しないこととしている（相法12①三）。なお，本条には死因贈与は含まれていないことに注意が必要である。

　対象となる公益事業を行う者は，相続税の納税義務者である自然人又は社団等に限られる。持分の定めのない法人は，遺贈者の親族その他特別関係者の相続税又は贈与税の負担を不当に減少する結果となる場合に限り，相続税の納税義務者となる。持分の定めのない法人が相続税の納税義務者となるときは，同時に本規定の除外規定に抵触するので，受遺財産が非課税財産となることはない。

　相続税法12条1項3号で規定する公益を目的とする事業を行う者については，相続税法施行令2条で定められ，同法に規定する公益の増進に寄与するところが著しいと認められる事業について規定している。そしてこの規定の具体的な取り扱いは，「贈与税の非課税財産（公益を目的とする事業の用に供する財産に関する部分）及び持分の定めのない法人に対して財産の贈与等があった場合の取扱いについて昭和39年6月9日付直審（資）24，直資77」でその取扱いを明らかにしているのである。

　ここで，前述第Ⅰ章7高度の公益事業のみ専念して行う個人及び高度の公益事業のみを目的事業として行う人格なき社団・財団に対する贈与に係る非課税財産規定から読まれた方は，この通達は，相続税法21条の3第1項3号に定め

る贈与税の非課税財産についての取扱いを定めたものではないかという疑問を持たれるかもしれないが，同号の範囲の規定（相令4条の5）は，相令2条を準用しているので，同条の取扱いをも示していると理解することができる。

⑦ 受遺者の納税義務概要

　相続税の納税義務者は原則として個人であるが，人格のない社団や財団は個人とみなされ，持分の定めのない法人でも個人とみなされる場合がある。また，遺贈（死因贈与を含む。）により財産を取得した個人及び個人とみなされる者であってもその者の住所地や財産の所在地により納税義務者とならない場合もある。遺贈者である被相続人から生前に贈与を受け相続時精算課税制度の適用を受けている者は相続・遺贈により財産を取得しなくても納税義務者となる。

図表Ⅱ－7　受遺者の納税義務一覧

原則的な納税義務者	個人	無制限納税義務者	居住無制限納税義務者	遺贈により財産を取得したときにおいて，一時居住者でない個人及び一時居住者である個人（その相続等に係る被相続人等が一時居住被相続人又は非居住被相続人である場合を除く。）で，日本国内に住所を有するもの（相法1の3①一）。
			非居住無制限納税義務者	遺贈により財産を取得したときにおいて次に掲げる者であって，日本国内に住所を有しないもの。 1　日本国籍を有する個人であって，(1)相続開始前10年以内に日本国内に住所を有していたことがあるもの(2)相続開始前10年以内に日本国内に住所を有していたことがないもの（その相続等に係る被相続人等が一時居住被相続人又は非居住被相続人である場合を除く。） 2　日本国籍を有しない個人で当該相続等に係る被相続人等が一時居住被相続人又は非居住被相続人である場合を除く（相法1の3①二）。
		制限納税義務者	居住制限納税義務者	遺贈により日本国内にある財産を取得した個人で当該財産を取得したときにおいて日本国内に住所を有するもの（居住無制限納税義務者を除く。）（相法1の3①三）。
			非居住制限納税義務者	遺贈により日本国内にある財産を取得した個人で当該財産を取得した時において日本国内に住所を有しないもの（非居住無制限納税義務者を除く。）（相法1の3①四）。

		特定納税義務者	贈与（死因贈与を除く。）により相続税法21条の9③（相続時精算課税の選択）の規定の適用を受ける財産を取得した者（上記に掲げる者を除く。）
例外的な納税義務者	人格なき社団・財団		常に個人とみなされる
	持分の定めのない法人	下記以外	持分の定めのない法人が特定の一族に支配される可能性がある場合など，持分の定めのない法人が受遺者となることにより，遺贈者の親族などの相続税の負担が不当に減少する結果となる場合に限られる（相法66④）
		特定の一般社団法人等	一般社団等法人のうち，1．被相続人の相続開始の直前におけるその被相続人に係る同族理事の数が理事の総数に占める割合が2分の1を超える又は2．被相続人の相続の開始前5年以内においてその被相続人に係る同族理事の数が理事の総数に占める割合が2分の1を超える期間の合計が3年以上であるものをいう（相法66の2②三）。 相続開始前5年間の同族理事の割合の判定は，平成30年4月1日以前以後の期間のみが対象となる（改正法附則43⑥）。

⑧ 受遺者の住所地や取得した財産の所在地による相続税の納税義務

1 相続税の納税義務者となる受遺者

　課税は国家主権の表れであり，相続税の納税義務者は日本国内に住所を有しているか否か，日本国籍を有しているか否かを基本として区分し，その区分に応じて取得した日本国内の財産又はすべての財産に課税するのか異なることとされている。

　従前，富裕層の子弟が海外に居住することが珍しくなくなり，親が所有する多額の資産を海外に移した後に，海外に住所を有する子弟に海外財産を贈与すると，海外に住んでいる子弟には我が国の贈与税の納税義務が生じないといったスキームへの対応が必要であった。

図表Ⅱ－8 従前の考え方（無制限納税義務者・制限納税義務者）

そこで，平成12年度税制改正で受遺者が日本国籍を有し，かつ，遺贈者又は受遺者のいずれかが遺贈を受けた日（相続開始日）前5年以内のいずれかの時において国内に住所を有していれば，遺贈により取得した財産の所在地を問わず取得財産のすべてについて納税義務を生ずることとした。日本国内に住んではいないが取得したすべての財産につき無制限に納税義務を負うという意味で，非居住無制限納税義務者が新設されたのである。そしてさらに平成25年度税制改正では非居住無制限納税義務者に，日本国内に住所を有していない個人で日本国籍を有しない者が，日本国内に住所を有する者から遺贈により取得した場合が加えられ（この改正は平成25年4月1日以後の遺贈により取得する国外財産に係る相続税について適用される）無制限納税義務者の概念を拡張してきた。

　そして，平成29年度税制改正では，国内の居住の有無について，課税時期から遡る期間を5年から10年に延長するといった課税の厳格化が行われた一方で，日本で一時的に就労しようとする外国人にとっては予期せぬ相続税等の負担が来日の障害となっていることから，日本に居住する一定の在留資格者については国外財産に相続税等を課税しない緩和措置が設けられた。

　平成30年度税制改正では，高度外国人材等の受入れと長期間の滞在を更に促進する観点から，外国人に係る出国後の相続について，原則，国外財産を相続税の課税対象としないこととした。

図表Ⅱ－9　平成30年の考え方（日本国籍を有する者に限定）

図表Ⅱ－10　平成30年相続税の納税義務者

<table>
<tr><td colspan="2" rowspan="3">相続人
受遺者
被相続人</td><td colspan="2">国内に住所あり</td><td colspan="3">国内に住所なし</td></tr>
<tr><td rowspan="2"></td><td rowspan="2">一時居住者</td><td colspan="2">日本国籍あり</td><td rowspan="2">日本国籍なし</td></tr>
<tr><td>10年以内に国内に住所あり</td><td>10年以内に国内に住所なし</td></tr>
<tr><td colspan="2">国内に住所あり</td><td rowspan="5">居住無制限納税義務者</td><td></td><td rowspan="5">非居住無制限納税義務者</td><td colspan="2"></td></tr>
<tr><td></td><td>一時居住被相続人</td><td>居住制限納税義務者</td><td colspan="2">非居住制限納税義務者</td></tr>
<tr><td rowspan="3">国内に住所なし</td><td>10年以内に国内に住所あり
非居住外国人</td><td></td><td colspan="2">経過措置</td></tr>
<tr><td>非居住被相続人
日本国籍なく15年以内で国内住所10年以下</td><td rowspan="2">居住制限納税義務者</td><td colspan="2" rowspan="2">非居住制限納税義務者</td></tr>
<tr><td>非居住被相続人
10年以内に国内に住所なし</td></tr>
</table>

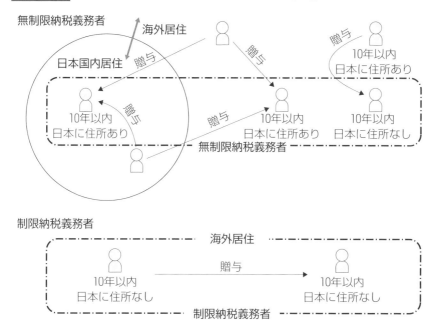

(1) 居住無制限納税義務者とは，相続又は遺贈（以下「相続等」という。）により財産を取得した次の者であって，当該財産を取得したときにおいて日本国内に住所を有するもの（相法1の3①一）。

① 一時居住者でない個人

② 一時居住者である個人（その相続等に係る被相続人等が一時居住被相続人又は非居住被相続人である場合を除く。）

(2) 非居住無制限納税義務者とは，相続等により財産を取得した次に掲げる者であって，当該財産を取得したときにおいて日本国内に住所を有しないもの（相法1の3①二）。

① 日本国籍を有する個人であって次に掲げるもの

イ 相続開始前10年以内のいずれかの時において日本国内に住所を有していたことがあるもの

ロ 相続開始前10年以内のいずれの時においても日本国内に住所を有していたことがないもの（その相続等に係る被相続人等が一時居住被相続人又は非居住被相続人である場合を除く。）

② 日本国籍を有しない個人で当該相続等に係る被相続人等が一時居住被相続人又は非居住被相続人である場合を除く。（相法1の3①二）。

(3) 居住制限納税義務者とは，相続等により日本国内にある財産を取得した個人で当該財産を取得したときにおいて日本国内に住所を有するもの（上記1に掲げる者を除く。）（相法1の3①三）。

(4) 非居住制限納税義務者とは，相続又は遺贈により日本国内にある財産を取得した個人で当該財産を取得した時において日本国内に住所を有しないもの（上記2に掲げる者を除く。）（相法1の3①四）。

なお，以上における一時居住者，一時居住被相続人者及び非居住住被相続人の意義は，以下のとおり定められている（相法1の3③）。

　　一時居住者　　　　　　相続開始の時において在留資格を有する者であって相続開始前15年以内において日本国内に住所を有していた期間の合計が10年以下であるものをいう（相法1の3③一）。

一時居住被相続人　相続開始の時において在留資格を有し，かつ，日本内に住所を有していたその相続に係る被相続人であって相続開始前15年以内において日本国内に住所を有していた期間の合計が10年以下であるものをいう（相法１の３③二）。

非居住被相続人　　相続開始の時において日本国内に住所を有していなかったその相続に係る被相続人であって次に掲げるものをいう（相法１の３③三）。

　　　　　１　その相続開始前10年以内のいずれかの時において日本国内に住所を有していたことがあるもののうち，その相続開始前15年以内において，日本国内に住所を有していた期間の合計が10年以下であるもの（当該期間引き続き日本国籍を有していなかったものに限る。）

　　　　　２　相続開始前10年以内のいずれの時においても日本国内に住所を有していたことがないもの

経過措置　平成29年４月１日から令和４年３月31日までの間に，日本国内に住所及び日本国籍を有しない者（上記(2)②）が，平成29年４月１日から相続の時まで引き続き日本国内に住所及び日本国籍を有しない者（すなわち，平成29年４月１日までに日本を出国した外国人で引き続き日本に住所を有しない者（非居住外国人））から贈与により取得した国外財産に対しては，相続税は課されない。（改正法附則31条②）。

図表Ⅱ-11 受遺者の納税義務の範囲

相続人 受遺者 被相続人		国内に住所あり	国内に住所なし		
		一時居住者	日本国籍あり		日本国籍なし
			10年以内に国内に住所あり	10年以内に国内に住所なし	
国内に住所あり		国内財産のみ課税	国内財産・国外財産ともに課税		国内財産のみ課税
	一時居住被相続人				
国内に住所なし	10年以内に国内に住所あり（非居住外国人）				経過措置
	非居住被相続人 日本国籍なく15年以内で国内住所10年以下	国内財産のみ課税			国内財産のみ課税
	非居住被相続人 10年以内に国内に住所なし				

経過措置 前述した「平成30年相続税の納税義務者」と同様である。

第Ⅱ章 遺 贈　　115

図表Ⅱ－12　相続税納税義務者の判定に係るフロー

相続人又は受遺者（以下「相続人等」という。）の住所は日本国内である
- NO
- YES

相続人等は在留資格があり，贈与前15年以内で日本国内に居住していた期間が合計10年以下である
- NO → 居住無制限納税義務者
- YES →

被相続人は日本国内に住所がある
- NO
- YES

被相続人は在留資格があり，贈与前15年以内で日本国内に居住していた期間が合計10年以下である
- NO → 居住無制限納税義務者
- YES → 居住制限納税義務者

被相続人は贈与前10年以内に日本国内に住所を有していたことがある
- NO → 居住制限納税義務者
- YES →

被相続人は日本国籍のない者で，出国前15年以内で日本国内に住所を有していた期間の合計が10年以下又は10年超の者（出国後２年以内に日本国内に再居住した者を除く。）
- NO → 居住無制限納税義務者
- YES → 居住制限納税義務者

相続人等は日本国籍である
- NO
- YES

相続人等は贈与前10年以内に日本国内に住所がある
- YES → 非居住無制限納税義務者
- NO →

被相続人は日本国内に住所がある
- NO
- YES

被相続人は在留資格があり，贈与前15年以内で日本国内に居住していた期間が合計10年以下である
- NO → 非居住無制限納税義務者
- YES → 非居住制限納税義務者

被相続人は贈与前10年以内に日本国内に住所を有していたことがある
- NO → 非居住制限納税義務者
- YES →

P113
一部経過措置

被相続人は日本国籍のない者で，出国前15年以内で日本国内に住所を有していた期間の合計が10年以下又は10年超の者（出国後２年以内に日本国内に再居住した者を除く。）
- NO → 非居住無制限納税義務者
- YES → 非居住制限納税義務者

116

図表Ⅱ-13 納税義務者の区分と課税対象財産の範囲

（相続税）

納税義務者＼課税財産の範囲		国内財産	国外財産	相続時精算課税適用財産
無制限納税義務者	居住無制限納税義務者	○	○	○
	非居住無制限納税義務者	○	○	○
制限納税義務者	居住制限納税義務者	○	×	○
	非居住制限納税義務者	○	×	○
特定納税義務者		－	－	○

（注）相続時精算課税適用財産とは，被相続人から贈与により取得した財産で相続税法21条の9第3項の規定の適用を受けるものをいう。

■参考─その他の納税義務者に関する用語

特定納税義務者

　相続又は遺贈により財産を取得しなかった者でも，被相続人から贈与を受け，相続時精算課税制度を適用している者は，相続時精算課税制度の適用を受ける財産（過去に贈与を受けた財産）を相続又は遺贈により取得したとみなされ，相続税の納税義務者となる。これを**特定納税義務者**という（相法1の3四，21の16①）。

■この法律の施行地とは

　相続税法は，その附則（昭和25年法附則2）で「この法律は，本州，北海道，四国，九州及びその附属の島（政令で定める地域を除く。）に，施行する。」こととされ，同施行令附則2で「当分の間，歯舞群島，色丹島，国後島及び択捉島を除く。」と定められている。

■住所とは

　「住所」とは，各人の生活の本拠をいう（民法22）。生活の本拠であるかどうかは，客観的事実によって判定し，同一人について同時に2箇所以上の住所はないものとされている（相基通1の3・1の4共−5）。

　相続若しくは遺贈又は贈与により財産を取得した時において，その取得した者が法施行地を離れている場合であっても，国外出張や国外興行等により一時的に法施行地を離れているにすぎない者については法施行地に住所があることとなる。留学生や国外勤務者については，その住所の判定が明らかでないため，相続税法基本通達1の3・1の4共−6でその者が次に掲げる者に該当する場

合（相基通1の3・1の4共−5により住所が明らかに法施行地外にあると認められる場合を除く。）は，その者の住所は，法施行地にあるものとして取り扱うこととされている。

　　イ　学術，技芸の習得のため留学している者で法施行地にいる者の扶養親族となっている者

　　ロ　国外において勤務その他の人的役務の提供をする者で国外における当該人的役務の提供が短期間（おおむね1年以内である場合をいうものとする。）であると見込まれる者（その者の配偶者その他生計を一にする親族でその者と同居している者を含む。）

2　財産の所在

　財産の所在の判定について，相続税法10条に財産の種類別に詳細な規定が図表Ⅱ−14のとおり設けられている。

図表Ⅱ−14　相続税法10条に定める財産の種類別の所在の判定

号	財産の種類	所在
①	動産若しくは不動産又は不動産の上に存する権利	その動産又は不動産の所在
一	船舶又は航空機	船籍又は航空機の登録をした機関の所在
二	鉱業権若しくは租鉱権	鉱区又は採石場の所在
三	漁業権又は入漁権	漁場に最も近い沿岸の属する市町村又はこれに相当する行政区画
四	金融機関に対する預金，貯金，積金又は寄託金で以下のもの ①銀行又は無尽会社に対する預金，貯金，積金 ②農業協同組合，農業協同組合連合会，水産業協同組合，信用協同組合，信用金庫，労働金庫又は商工組合中央金庫に対する預金，貯金又は積金	その預金，貯金，積金又は寄託金の受入れをした営業所又は事務所の所在
五	保険金	その保険の契約に係る保険会社の本店若しくは主たる事務所の所在
六	退職手当金，功労金その他これらに準ずる給与	当該給与を支払った者の住所又は本店若しくは主たる事務所の所在
七	貸付金債権	その債務者の住所又は本店若しくは主たる事務所（以下「住所等」）の所在
八	債権若しくは株式，法人に対する出資又は外国預託証券（株主との間に締結した契約に基づき株券	社債若しくは株式の発行法人，出資のされている法人又は有価証券に係る外国預

	の預託を受けた者が外国において発行する有価証券でその株式に係る権利を表示するものをいう。）	託証券に係る株式の発行法人
九	合同運用信託，投資信託又は特定目的信託に関する権利	信託の引受けをした営業所又は事業所の所在
十	特許権，実用新案権，意匠権若しくはこれらの実施権で登録されているもの 商標権又は回路配置利用権，育成者権若しくはこれらの利用権で登録されているもの	その登録をした機関の所在
十一	著作権，出版権又は著作隣接権でこれらの権利の目的物が発行されているもの	これを発行する営業所又は事業所の所在
十二	第7条の規定により贈与又は遺贈により取得したものとみなされる金銭	そのみなされる基因となった財産の種類に応じ，この条に規定する場所
十三	一～十二の財産で，営業所又は事業所を有する者の当該営業所又は事業所に係る営業上又は事業上の権利	その営業所又は事業所の所在
②	国債，地方債	法施行地（日本国内）
②	外国又は外国の地方公共団体その他これに準ずるものの発行する公債	外国
③	上記以外の財産	当該財産の権利者であった被相続人又は贈与者の住所の所在

3　財産の所在の判定における留意点

(1)　財産の所在の判定

　当該財産を相続若しくは遺贈又は贈与により取得した時の現況により判定する（相法10④）。

(2)　船籍のない船舶の所在

　相続税法10条1項1号に掲げる「船舶」とは，船籍に関する定めのある法令の適用のある船舶をいうのであるから，船籍のない船舶については，その所在により判定するものとする（相基通10－1。参考：船舶法（明治32年法律46号），小型船舶の登録等に関する法律（平成13年法律102号））。

(3)　生命保険契約及び損害保険契約の所在

　死亡保険契約（生命保険契約及び損害保険契約については，保険会社などの本店所在地，主たる事務所の所在地により判定する（相基通10－2）。

第Ⅱ章 遺 贈　　119

「保険金」については，平成15年税制改正により，その所在が明確にされたが，保険事故が発生する前の「契約」の所在については，明文上明らかでないため「保険金」に準じて「契約」も判定するものとして取り扱うものとされている。

(4)　貸付金債権の意義

貸付金債権（相法10①七）には，いわゆる融通手形による貸付金を含み，売掛債権，いわゆる商業手形債権その他事業取引に関して発生した債権で短期間内（おおむね 6 カ月以内）に返済されるべき性質のものは含まれないものとされている（相基通10−3）。短期貸付債権は，同法同項13号に規定する営業上又は事業上の権利として，その営業所又は事業所の所在により判定されることになる（相法10①十三）。

(5)　株式に関する権利等の所在

株式（相法10①八）には，株式に関する権利を含むものとし，「出資」には，出資に関する権利を含むものとされている（相基通10−5）。

株式に関する権利には，新株引受権，株式の引受けによる権利，新株無償交付期待権，配当期待権があり，これらはいずれも株式そのものではないが，配当や増資のあるときに株式に関連して生ずる権利といえる。また，出資に関する権利も同様といえる。したがって，これらの権利は株式又は出資の所在と同様に考える。

■現金は動産
民法は不動産以外の物（有体物）はすべて動産と規定している（民法86②）現金は価値を表象する動産である
・外国に居住する子に対し外国為替により電信送金した場合に，その送金に先だって父と子の間で，送金の原資に当たる邦貨による金額に相当する金銭につき贈与契約が成立し，その履行のために送金手続きが執られることができ，子は贈与契約締結時（遅くとも送金手続きの終了時）に父が日本国内に有していた金銭の贈与を受けたものというべきである（平14.9.18東京高裁）。

■受益者課税信託の信託受益権の所在地

　受益者課税信託の信託受益権の所在地は，信託財産の種類により相続税法10条に基づき判定する。信託受益権として信託の引受けをした信託会社の所在地により判定するのではない。

　適正な対価を負担することなく受益権を取得した受益者課税信託の受益者は，信託された資産と負債の贈与を受けたものとされる。

　受益者が贈与により取得したとみなされる財産は，信託受益権ではなく，信託財産を構成する個々財産であるから，受贈財産の所在地は個々の財産の種類により，判定する（相法10①九，9の2⑥）。

⑨ 受遺者に対する課税

1 個人（自然人）

遺贈により財産を取得した個人（自然人）は相続税の納税義務者となる（相法1の3）。

受遺者が遺贈を受けた財産につき我が国の相続税の納税義務を負うかは大別して前述「⑧　受遺者の住所地や取得した財産の所在地による相続税の納税義務」のとおり①無制限納税義務者，制限納税義務者となるか，②財産の所在地が相続税法の施行地内か外か，若しくは③相続時精算課税制度の適用を受けているか否かにより判定する。

遺贈による財産の取得の時期は，遺贈が遺言者の死亡の時にその効力を生ずる（民法985①）とされていることから，遺贈者の死亡の時（失そうの宣告を相続開始原因とする相続については，民法31条に規定する期間満了の時又は危難の去りたる時）とされている（相基通1の3・1の4共－8）。遺贈者の死亡の時は，自然的死亡時と失そう宣告に基づく擬制死亡時とがある。自然死亡時は，医学的に呼吸が停止した瞬間であり，擬制死亡時は，普通失そうの場合は民法30条1項の期間満了時，危難失そうの場合は危難の去りたる時である。

停止条件付の遺贈でその条件が遺贈者の死亡後に成就するものについてはその条件が成就した時となる（相基通1の3・1の4共－9）。

なお，相続時精算課税の適用を受ける財産で相続税法21条の16第1項の規定により相続又は遺贈により取得したとみなされたものに係る相続税の納税義務の成立の時期は，当該相続時精算課税に係る特定贈与者の死亡の時である。

受遺者が遺贈者の一親等の血族（その代襲相続人を含む。）又は配偶者以外の者である場合に負担する相続税は通常の相続税額の2割増しとされる（相法18）。遺贈者の直系卑属で遺贈者の養子となっている者は，代襲相続人である場合を除き，一親等の親族ではあるものの同様に通常の相続税の2割増しとされる（相法18②）。

平成15年改正前は2割加算について受遺財産の70％を限度とする規定が設け

られていたが，同年の改正により相続税の最高税率が50％に引き下げられたことに伴い上限規制は廃止された（平成15年1月1日以後適用。）。

相次相続控除の適用を受けられる者は，相続又は遺贈により財産を取得した相続人に限られ相続人以外の者には適用されない。相続人とは民法に規定する相続人をいうから，遺贈について相次相続控除を受けるためには，第一次相続及び第二次相続とも受遺者は相続人でなければならない（相法20①）。受遺者が相続を放棄した者又は相続権を失った者である場合は相続人ではないから適用されない（相基通20−1）。

個人が財産を遺贈する相手は個人とは限らず，次のようなものが考えられる。

① 人格なき社団・財団
② 持分の定めのない法人
③ 営利法人

このうち，人格なき社団・財団は無条件に個人とみなされ相続税の納税義務者となる（相法66①④）。持分の定めのない法人は，特定の場合に相続税の納税義務者となる（相法65①③，66の2）。株式会社などの営利法人は，遺贈による受贈益に対し法人税が課税されるので相続税の納税義務者となることはないが，法人が遺贈を受けることにより，法人の出資者（株主等）の出資持分の価値が増加する場合は，遺贈者から法人の出資者への遺贈となる（相法9）。なお，個人が持分の定めのない法人に対し財産を遺贈することに関連して，当該法人から特別の利益を受ける特定の範囲の者に対し特別の利益に相当する金額の遺贈を受けたとみなす規定（特別の法人から受ける利益に対する課税）がある（相法65）。

2　代表者又は管理者の定めのある人格なき社団・財団

代表者又は管理者の定めのある人格のない社団・財団は，所得税法や法人税法では，法人とみなされ，その収益には法人税が課されるが，すべての収益に対し課税されるわけではない。

人格のない社団や財団（例：同窓会，町内会，PTA）などは，会費収入により運営されることが多く，会費収入に税金が課税されると運営が困難になる。

法人税法は，代表者又は管理者の定めのある人格のない社団・財団の収益のうち，①34種類に限定した「収益事業」行う場合②法人課税信託の引受けを行う場合，③退職年金業務等を行う場合に限定して法人税の納税義務を課している（法法4①ただし書き）。受贈益に対しては法人税が課されない（所法4，法法7）。

代表者又は管理者の定めのある人格のない社団や財団に対し，資産家が多額の資産を遺贈しても，上述のように法人税は課税されない。子どもが実質的に支配する人格のない社団・財団に親が財産を遺贈しても法人税は無税で済んでしまう。このような仕組みを利用した租税回避が行われることを防止するため，相続税法は，個人が代表者又は管理者の定めのある人格なき社団や財団に財産を遺贈した場合には，人格なき社団や財団を無条件に個人とみなして相続税の納税義務者としている（相法66①④）。

現行法令では，個人から贈与を受けた利益（受贈益）に対し法人税が課税されることはないが，もし，贈与を受けた財産に対し法人税が課税されることがあれば，二重課税排除のために，相続税法施行令の定めるところにより，人格なき社団や財団に課されるべき法人税及び法人事業税等の額に相当する額は贈与税から控除する（相法66⑤）[25]。

人格なき社団・財団を設立するために財産の提供があった場合についても同様の取扱いとなる（相法66②）。

図表Ⅱ-15 人格なき社団・財団と相続税

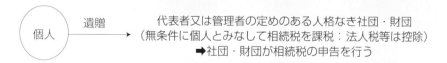

---

[25] 平成20年12月1日前に行われた贈与については，人格のない社団・財団の各事業年度の所得の計算上益金の額に算入されているときは，贈与税は課税されない（個人とみなされない）こととされていた。改正の趣旨は，贈与税の最高税率50％と法人税の最高税率40％の差を利用した租税回避の防止である。

3　持分の定めのない法人

　持分の定めのない法人とは，一般社団法人，一般財団法人，持分の定めのない医療法人，学校法人，社会福祉法人，更生保護法人，宗教法人など残余財産の分配請求権や払戻請求権がない法人や定款等に社員等が残余財産の分配請求権や払戻請求権を行使することができる旨の定めはあるが，そのような社員等が存在しない法人をいう。法人税法2条6号に規定する公益法人等も持分の定めのない法人に含まれる。

(1)　持分の定めのない法人が個人から遺贈を受けたとき

　持分の定めのない法人（持分の定めのある法人で持分を有する者がないものを含む。以下同じ。）は，特定の場合に個人とみなされ相続税の納税義務者となる（相法66④⑥）。特定の場合とは，<u>遺贈者等の親族その他これらの者と特別の関係がある者</u>の贈与税，相続税の負担が不当に減少する結果となると認められるときをいう（相法66④⑥，相令33③④）。

図表Ⅱ－16　持分の定めのない法人が相続税の納税義務者となる場合

　遺贈者の親族及び同族関係者らの**相続税等が不当に減少する結果となる**と認められるときは，「持分の定めのない法人」を個人とみなして，相続税を課税（法人税等は控除）。

（出典：『平成20年改正税法のすべて』P458）

　持分の定めのない法人を設立するために財産の提供があった場合についても同様の取扱いとなる（相法66④）。

(注)　相続税法で，持分の定めのない法人が個人とみなされるときは，相続税が課税されるが，（相続税法で個人とみなされたときも）法人格を有することに変わりはないので，遺贈資産は時価で譲渡されたものとみなされる（所法59①）。含み

益のある資産ならば譲渡所得課税の対象となる（P66参照）。

　この「不当に減少する結果となると認められるとき」とは，「持分の定めのない法人に対する財産の贈与又は遺贈があった場合に，贈与又は遺贈の時において，法人の役員等の構成・機能，収入・支出の経理，財産の管理状況，解散のときの残余財産の帰属，その他の定款・寄附行為の定め等からみて，贈与者・遺贈者又はその同族関係者が提供又は贈与された財産を私的に支配し，その使用，収益を事実上享受し，あるいはその財産が最終的にこれらの者に帰属するような状況にあるとき」（昭和49.9.30　東京地裁，税資76号906頁）をいう。

　相続税法施行令33条3項は，不当に減少する結果となると認められるときについて「適正要件」を欠く場合と定めている。同施行令に定める適正要件を要約すると次のとおりである。
　①　運営組織が適正であり，特定の一族の支配を受けていないこと
　②　贈与者，設立者，役員等に特別の利益を与えないこと
　③　法人が解散したときに，残余財産を国等に寄附する旨の定めが定款等にあること
　④　法令違反，公益に反する事実がないこと
　上述の①運営組織が適正であること及び②特別の利益を与えないことの2点につき，通達に詳細な規定を置いている（昭39直審（資））。

　また，平成30年度税制改正により一般社団法人等が平成30年4月1日以後に遺贈により取得する財産に係る相続税について，相続税法施行令33条4項は，次に掲げる要件のいずれかが満たされないときに，贈与税又は相続税の負担が不当に減少する結果となると認められるものと定めている。
　⑤　課税時の定款に次の定めがあること
　　イ　役員等の数に占める特定の親族の割合がいずれも3分の1以下とする旨の定め

ロ　法人が解散したときに，その残余財産が国等に帰属する旨の定め

⑥　課税時前3年以内にその一般社団法人等に係る贈与者等に対し，財産の運用及び事業の運営に関する特別の利益を与えたことがなく，かつ，課税時における定款において贈与者に対し特別の利益を与える旨の定めがないこと

⑦　課税時前3年以内に国税又は地方税について重加算税又は地方税の規定による重加算金を課されたことがないこと

相続税法施行令33条3項と4項の関係

⑧　一般社団法人等以外の持分の定めのない法人について

　従来どおり相続税法施行令33条3項によって不当減少要件の該当性を判定する

⑨　一般社団法人等について

　相続税法施行令33条4項によって不当減少要件の該当性を判断し，一つでも該当すると不当減少に該当するものと判断する。同項の要件を全て満たした場合には，同条3項の規定による不当減少要件の該当性の判定を行い，全て満たしていれば，不当減少に該当しないものとされる。

⑩　相続税法施行令33条3項の要件に一つでも該当しない場合には，相続税法66条4項の不当減少に該当するか総合的に判断することになる。相続税法66条4項の要件も全て満たせば課税されないことになるが，この要件には時期や行為からの年数が明記されていないので，相続税法施行令33条4項の要件を満たしていても相続税法施行令33条3項の要件を満たさず，税務署長の判断によっては相続税法66条4項の不当減少に該当するものとして課税される可能性もある。

これらを図示すると，図表Ⅱ-17となる。

図表Ⅱ－17 持分の定めのない法人が相続税の納税義務者となるとき

		原則：法人税の納税義務者
右の場合、相続税の納税義務者となる	適正要件	■法令：遺贈者等の親族その他これらの者と特別の関係がある者の贈与税、相続税の負担が不当に減少する結果となると認められるとき（相法66④⑥） ●一般社団法人等のスタート↓ 施行令：不当に減少する結果となるときとは、次の要件のいずれかを満たさない場合をいう（相令33④） ① 課税時の定款に次の定めがあること 　a 役員等の数に占める特定の親族の割合がいずれも3分の1以下とする旨の定め 　b 法人が解散したときに、その残余財産が国等に帰属する旨の定め ② 贈与者等に対し、財産の運用及び事業の運営に関する特別の利益を与えたことがなく、かつ、与える旨の定めがないこと ③ 課税時前3年以内に国税又は地方税について重加算税又は重加算金を課されたことがないこと ●一般社団法人等以外のスタート↓ 施行令：不当に減少する結果となるときとは、次の適正要件から外れた運営組織や事業運用がなされた場合をいう（相令33③） ① 運営組織が適正であり、特定の一族の支配を受けていないこと ② 贈与者、設立者、役員等に特別の利益を与えないこと ③ 法人が解散したときに、残余財産を国等に寄附する旨の定めが定款等にあること ④ 法令違反、公益に反する事実がないこと ★通達：運営組織が適正であることとは、遺贈のあった時点だけでなく将来においても運営組織が適正でなければ組織が私的に支配され、贈与税、相続税の負担が不当に減少する結果となるとの観点から、①定款、寄附行為、規則などに理事及び監事の定数、理事会及び社員総会の定足数など一定の事項が定められていること（注）②事業運営及び役員等の選任等が定款等に基づき適正に行われていること及び③事業が社会的存在として認識される程度の規模を有していることであり、**特別の利益を与えないこととは**、遺贈等をした者、法人の設立者、社員若しくは役員等及びこれらの親族、特殊関係者、同族法人等一定の範囲の者が法人所有財産の私的利用、余裕金の運用、有利な条件での金銭の貸付、無償又は低廉譲渡などをすることとされている（昭39直審（資）24、資産課税課情報第14号）。 （注）通達は持分の定めのない法人を次の三類型に分け、必要的定款記載事項を詳細に定めている。 　① 一般社団法人 　② 一般財団法人 　③ 学校法人、社会福祉法人、更生保護法人、宗教法人その他の定めのない法人

(2)　一般の篤志家からの遺贈があった場合の判定について

財産の遺贈等（寄附）の中には，財産の遺贈等を受ける法人の運営と全く関係のない篤志家からなされるものもあり，このような場合にはその法人からその贈与をした篤志家に特別の利益が与えられることはおよそ考えられない。

そこで，次の要件を2つとも具備している場合は，適正要件の「運営組織が適正であり，特定の一族の支配を受けていないこと」を満たさないときであっても，他の要件を全て満たしているときは，「相続税又は贈与税の負担が不当に減少する結果となると認められるとき」に該当しないものとして取り扱うこととされている（昭39直審（資）24，平成20年7月5日：資産課税課情報第14号）。

　・遺贈者が遺贈を受けた法人の理事，監事，評議員その他これらの者に準ずるもの及びこれらの者の親族と遺贈者間には親族関係等の特殊関係がない場合であり，

　・これらの者が，法人の財産の運用及び事業の運営に関して私的に支配している事実がなく，将来も私的に支配する可能性がないと認められる場合

(3)　公益事業用財産の相続税の非課税規定の不適用について

持分の定めのない法人が個人とみなされるときとは，事業運営が特定の者や一族の支配に服し，特別関係者に特別の利益を与える場合に該当している場合である。したがって，同様の欠格事由を定める公益事業用財産の相続税の非課税規定の適用要件に該当する余地はない（相法12①3，昭39直審（資）24）。

(4)　判定の時期等

相続税法66条4項の規定を適用すべきかどうかの判定は，遺贈等の時を基準としてその後に生じた事実関係をも勘案して行うのであるが，遺贈等により財産を取得した法人が，財産を取得した時には相続税法施行令33条3項《人格のない社団又は財団等に課される贈与税等の額の計算の方法等》各号に掲げる要件を満たしていない場合においても，当該財産に係る相続税の申告書の提出期限又は更正若しくは決定の時までに，当該法人の組織，定款，寄附行為又は規

則を変更すること等により同項各号に掲げる要件を満たすこととなったときは,当該遺贈等については相続税去66条4項の規定を適用しないこととして取り扱われる（昭39直審（資）24「17」）。

図表Ⅱ-18 法人に対する遺贈に係る課税関係整理表

遺贈者	受遺者	課税形態
個人	営利法人	法人税の納税義務者（全所得課税）
	代表者又は管理人の定めのある人格なき社団・財団	無条件に個人とみなされ相続税の納税義務者となる（相法66①）
		公益を目的とする事業を行う者ならば，受遺財産が非課税財産となる場合あり（相法12①三，相令2）
	持分の定めのない法人	法人税の納税義務者であるが，収益事業に限り課税（法法7）
		相続税の不当減少となる場合に限り，個人とみなされ相続税の納税義務者となる（相法66④）
		個人とみなされ相続税の納税義務者となったときに公益目的事業用財産非課税規定（相法12①三，相令2）の適用余地はない

⑩ 個人に対する包括遺贈のうち限定承認に係るもの

　包括受遺者は，相続人と同一の権利義務を有する（民法990）。相続が開始すると遺産は相続人と包括受遺者の遺産共有状態となる。包括受遺者は，債務も承継し，遺産分割協議にも参加することとなる。包括遺贈の承認・放棄は，特定遺贈と異なり，相続放棄，承認及び限定承認と同じ手続きで行う。

　しかし，次の5点で相続人と異なる。

①　遺留分権はない

②　代襲相続はない（民法994）

③　共同相続人が相続放棄したり，他の包括受遺者が遺贈を放棄しても，それにより相続分が増えるのは相続人だけであり，包括受遺者の持分は増えないとされている。

④　包括受遺者の持分は登記しないと第三者に対抗できない。

⑤　法人でも包括受遺者になれる。

　包括遺贈を受けた受遺者は，相続人と同一の立場に立つので遺贈者（被相続人）が負っていた債務をも承継する。包括遺贈を受けた遺産よりも承継する債務が多ければ包括受遺者は自己の固有財産をもって弁済しなければならなくなる。このようなリスクを避けるためには，相続財産を限度として債務を清算し，マイナスが多い場合は承継せず，プラスならば相続するという限定相続の方法を選択することができる。包括受遺者を含む相続人全員が家庭裁判所に対し相続開始を知ってから3カ月以内に限定承認の申述をして受理されると，相続人・包括受遺者は相続によって得た財産の範囲においてのみ被相続人の債務及び遺贈を弁済すべきことを留保して相続することになる（民法922）。1人でも反対する人がいると限定承認はできない。その場合他の相続人・包括受遺者は単純承認あるいは放棄を選択するしか方法はないが，相続人の中に放棄をした者がいる場合は，残りの相続人・包括受遺者全員で申述すれば限定承認ができる。相続人の中に生死不明の者がいる場合には，家庭裁判所に不在者の財産管理人を選任してもらい，財産管理人とともに限定承認を行う。申述受理後，債

権者や受遺者に相続の限定承認をしたことを公告しなければならない。限定承認をすると家庭裁判所は，相続人の中から相続財産管理人を選任する。相続財産管理人は相続財産の管理，債務の弁済に必要な一切の行為を行う。

　所得税法は，限定承認に係る相続・包括遺贈があったときは，限定承認の申述の受理がなされた時点で，時価による譲渡があったものとみなし，（遺産のうち含み益がある資産があれば）譲渡所得課税の対象としている（所法59①1）。被相続人（包括遺贈者）が所有していた期間の資産の値上がり益を被相続人（包括遺贈者）の所得として課税し，発生する税金を他の一般債務と合わせ，相続財産の範囲で清算するわけである。

　この場合，納税義務者は被相続人となるから，債務を承継する包括受遺者及び相続人は，被相続人の所得税について準確定申告（所法125，所令263，所規49）を行い，所得税を納付しなければならない（通法25）。

　限定承認した結果，債務を弁済してもプラスとなり，相続・遺贈により取得する財産が相続税の基礎控除を上回る場合には，包括受遺者及び相続人は相続税の申告義務を負う。

　限定承認の申述の受理があった時点で土地等の含み益のある資産は時価で譲渡されたものとみなされるが，相続税の申告における財産の評価額は相続税評価額である（相法13①，14②，22）。みなし譲渡課税された時価，実務上は換価処分された価額が相続税評価額より高くても原則としてその価額で申告することはできない。準確定申告による所得税は被相続人（遺贈者）の負担すべき所得税であるから相続税の課税価格の計算上，債務控除をすることができる。

　包括受遺者及び相続人が複数ある場合の所得税の納税義務の承継については，民法900条から902条までの規定（法定相続分，代襲相続人の相続分，遺言による相続分の指定の規定）による相続分により案分して計算した額となる（通法5②）。遺言による相続分の指定には，包括遺贈の割合又は包括名義の死因贈与の割合が含まれるから，遺言により相続分の指定や包括遺贈があれば，その割合により相続人（包括受遺者を含む。）は納税義務を承継する（国基通5条関係9）。

限定承認による相続では，包括受遺者及び相続人は相続により取得した財産を限度として準確定申告による所得税などの国税を納税すれば足り，相続人固有の財産をもって納税する必要はない（通法5①，国基通5条関係8）。

　包括受遺者が死亡保険金や退職金等を取得したときは，包括受遺者は相続人ではないので，生命保険金や退職金等の非課税規定を適用することはできない（相法12①五）。

　限定承認した被相続人の債務が相続財産（積極財産）を超える部分については，法律上の支払義務のある債務ではないから，債務控除をすることはできない。

第Ⅱ章 遺贈 133

⑪ 停止条件付遺贈

　停止条件付遺贈においては，条件成就まで遺贈の効力が発生しないので遺贈の目的物は未分割財産として取り扱い，民法900条から903条までの規定（法定相続分，代襲相続分，遺言による指定相続分，特別受益者の相続分）による相続分に従って課税価格を計算する。条件が成就する前に分割してしまった場合には，その分割した割合によって取得したものとして申告しても差し支えないこととされている（相基通11の2－8）。

　条件が成就した場合には，遺贈の効力に基づき相続人が有していた遺贈の目的財産は受贈者に帰属する。これにより相続税が減少する相続人は条件成就を知った日の翌日から4カ月以内に更正の請求を行うことができる。条件が成就した停止条件付受遺者は，更正又は決定処分を受けるまで修正申告又は期限後申告をすることができる（相法32五，相令8三，相法31①，35③）。修正申告及び期限後申告に対し，加算税や延滞税は課税されない。

(注)　受遺財産を取得した受遺者は，条件成就の翌日から10カ月以内に相続税の申告をしなければならないわけではない。相続税の申告は自己のために相続の開始があった日の翌日から10カ月以内に行わなければならないが（相法27），申告書の提出が法定申告期限後であっても，税務署長による決定があるまでは申告書を提出することができる（通法18）。これを「期限後申告書」という。相続税においては，受遺者や相続人の範囲は，強制認知，胎児の出生，遺言の発見等によって相続開始後において異動し，取得する財産についてもこれらの事由により異動することがある。このような後発的事由により新たに納税義務者となる場合には，本来の相続税の法定申告期限が延長されるのか，本来の法定申告期限はそのままであるのかという問題が生ずる。相続税法30条は本来の法定申告期限は変わらないことを明らかにしている規定である[26]。法定申告期限は変わらないのだが，後発的事由により新たな納税義務が生じ，期限後申告書を提出する者は，本来の法定申告期限の翌日から期限後申告書を提出した日までの期間は延滞税の計算期間から除外することとされている（相法51②）無申告加算税についても正当な理由があると認められる事実として取り扱われる（通法66

---

(26)　『DHCコンメンタール相続税法』P2635。

①，平成12年7月3日課資2－264相続税，贈与税の過少申告加算税及び無申告加算税の取扱いについて）。

　なお，停止条件成就後，受遺財産を取得したにもかかわらず期限後申告書の提出を怠り，決定処分を受けたときは，決定の通知を発した日と，当該事由の生じた日の翌日から起算して4カ月を経過する日のいずれか早い日までの期間が延滞税の計算期間から除外される（相法51②）。

第Ⅱ章　遺　贈　135

⑫　個人に対する負担付遺贈

　負担付遺贈とは，受遺者に対し一定の給付をなすべき義務を負担させる遺贈である（民法1002）。負担はそれが履行されるまで遺贈の効力を停止させるものではないから停止条件ではないし，負担の不履行によって遺贈の効力を当然に消滅させるものではないから解除条件でもなく，遺贈の付款たる性質を有する。包括遺贈でも特定遺贈でも負担を付すことができる。負担の利益を受ける者にも制限はなく，相続人でも第三者でも事情によっては不特定多数の一般公衆でもよい。

　負担の利益を得る者は負担の履行を請求する直接の権利を取得するものではないから，負担の履行を請求する権利は相続人又はその代理人である遺言執行者だけが有する（民法1027）。負担付遺贈の効力は，一般の遺贈と同様に遺言者の死亡の時から生ずる（民法985①）。負担が履行されなくとも遺贈が当然に無効とはならない。受遺者が負担を履行しないときは，相続人又は遺言執行者は，履行請求の訴えを起こし確定判決を得て履行を催告することもできるが，それとは別に，期間を定めて履行を催告し，その期間内に履行がないときは，遺言の取消しを求めて家庭裁判所に請求することができる（民法1027，家審9①甲類38号）[27]。

　負担の内容は必ずしも金銭的価値のあるものでなくてもよいが，法律上の義務でなければならない。遺贈財産を上回るような負担付遺贈は無効である。負担が不能，不確定，不法であるときは無効となる。負担が無効となるときに遺贈自体の効力がどうなるかは遺言書の解釈（遺言者の意思解釈）の問題である。遺言者において負担が無効になるなら遺贈を行わなかったであろうと認められるときは，遺贈そのものも無効と解することになる。負担だけが無効と認められる場合は，遺贈は負担のない遺贈となる。受遺者は負担付遺贈を放棄できる（民法986）。受遺者が遺贈を放棄したときは，遺言に別段の意思表示がない限

（27）『親族法相続法講義案（六訂再訂版）』P350以下。

り，受益者が自ら受遺者となることができる。この場合の受遺者も遺贈の承認，放棄をすることができる（民法1002②）。

受遺者は遺贈の承認により目的物を取得すると同時に負担の履行義務を負う。受益者は相続人でも第三者でもよい。法人や人格なき社団・財団でも受益者となることはできる。

受遺者は遺贈により財産を取得したのであるから相続税の納税義務者となる（相法1）。受遺者の相続税の課税価格は，負担付遺贈により取得した財産から負担を控除した価額となる（相基通11の2－7）。負担付遺贈に基づく負担の利益が受益者に帰属するときはその受益者が負担額に相当する金額を遺贈によって取得したものとして相続税が課税される（相基通9－11）。

受遺者は負担付遺贈により取得した財産の価額（負担がなかったものとした場合における評価額）を相続税の申告書第11表《相続税がかかる財産の明細》に記載し，負担額は同表にマイナス表示して申告書を作成する（負担額は相続債務ではないから相続税の申告書第13表に記載しない。）。遺贈目的物の評価額は相続税評価額である[28]。

マイナス表示した負担額は，当該受益者が遺贈によって取得したこととなるので，相続税の申告書第11表に課税財産として記載する（相基通9－11）。負担が特定の者の利益に帰するときは，受益者の態様により次のとおりとなる。

・個人は前述のとおり相続税の納税義務者となる。
・人格なき社団・財団は相続税の納税義務者となる。
・国又は地方公共団体は相続税の納税義務者とならない（法人税も非課税）。
・持分の定めのない法人は相続税の納税義務者ではないが，遺贈者の親族及びその特別関係者らの相続税が不当に減少するときは個人とみなされ相続税が課税される（法人税等は控除）。
・営利法人の場合は法人税が課税される（法法22②）。営利法人に対する遺贈により株式又は出資の価額が増加した場合には株主等に相続税が課税される（相法9，相基通9－2）。

---

(28) 負担付贈与通達の適用はない。

第Ⅱ章 遺 贈 137

　負担付遺贈において，特に注意が必要なのは個人に対する負担付遺贈が特定遺贈である場合には，譲渡所得が生ずることがある点である。

　意外に思われる方が多いであろうが，遺贈は所得税法33条《譲渡所得》に規定する「資産の譲渡」に該当する。負担付遺贈が特定遺贈である場合，負担付贈与と同様に「負担部分が遺贈者及び相続人に対して何らかの経済的利益をもたらすもの」であるならば，負担に相当する経済的利益は所得税法の収入金額に当たり，譲渡所得の課税対象となるのである。

　所得税法33条に規定する「譲渡」とは，通常，法律行為による所有権の移転と解されているので，相続のように一定の事実（相続）に基づいてその効果（権利，義務の包括的承継）が生ずるものは含まれないが，贈与，遺贈による資産の移転は同条に規定する「譲渡」に該当する[29]。遺贈は，遺贈者の死により効力を生ずるが，相続のように一定の事実に基づいて権利，義務の承継が自動的に生ずるものではないので，遺贈そのものが所得税法の規定する譲渡に該当するのである。

　負担付遺贈における負担が遺贈者（資産の譲渡者）及び相続人に対し経済的利益をもたらす場合は，その経済的利益を収入金額とする「資産の譲渡」に該当するのである（所法33，36①）。

　時価100の土地建物甲を遺贈するが，負債40を負担せよという負担付遺贈において，土地・建物甲の取得価額が10である場合，10で取得したものを40で譲渡すると30の譲渡所得が発生する。遺贈者に生ずる譲渡所得であるから準確定申告が必要となる。また，相続税評価額（仮に土地・建物甲の相続税評価額も100であるとすると）100から負担額40を控除した60が相続税の課税対象となる。

【参考】

　個人に対する負担付遺贈における譲渡所得課税は，所得税法33条《譲渡所得》と36条《収入金額》の規定により行われる。無償の譲渡を時価で譲渡したとみなす所得税法59条《贈与等の場合の譲渡所得等の特例》１項１号を考慮す

（29）『所得税基本通達逐条解説（平成29年版）』P716。

る余地はない。同条は法人に対するもの及び個人に対する包括遺贈のうち限定承認に係るものに限定されている。

　なお，個人に対する対価を伴わない単純な遺贈では，遺贈財産すべてについて相続税が課税される（相法1の3）ので，受遺者は遺贈者の取得時期と取得価額を引き継ぐ（所法60①）。これに対し，負担付遺贈では，原則として受遺者（実質譲受者）は支払った対価で当該資産を取得したのであるから，実際に支払った金額が当該資産の取得価額となる。ただし，譲渡価額（負担付遺贈の負担額）が，時価の2分の1未満であり，かつ，遺贈者の取得価額を下回る場合（譲渡損失が計上される場合）は，譲渡者（遺贈者）の譲渡損失はなかったものとみなされ，譲渡者（遺贈者）の取得時期と取得価額は譲受者（受遺者）に引き継がれる（所法60①，所基通60－1）。

■法人に対する遺贈では……

　法人に対する特定遺贈は無償の資産の移転であるが，遺贈者が譲渡したものとみなされ遺贈者（被相続人）に譲渡所得が発生する（所法59①）。負担付遺贈は負担部分が対価となる（所法33）。遺贈や負担付遺贈は被相続人に帰属する譲渡所得であるから，被相続人の生活の本拠である自宅を売却したときは居住用資産の譲渡の特別控除を適用できる可能性がある（措法35）が遺言による換価分割は相続人がいったん遺産を取得して売却するので取扱いが異なることに注意が必要である。

第Ⅱ章 遺 贈　139

(13) 遺言と異なる遺産分割

　遺言執行者がいる場合，相続人は遺言の対象となった相続財産について，処分その他遺言の執行を妨げるべき行為をすることができないので遺言が分割方法を指定していれば，遺言の指示のとおり遺産は分割される（民法1013，1014）。

　遺留分を侵害する遺言も当然に無効となるものではない。遺留分を侵害された遺留分権利者は，自己の遺留分を保全するのに必要な限度において贈与・遺贈の減殺を請求することが可能となるにすぎない（民法1031）。

　遺言があっても，相続分の指定や包括遺贈のように遺産の割合を決めて特定の相続人に相続させる内容の遺言であれば，具体的にどの財産を誰が取得するか分割協議が必要となる。

　ところで，相続人に相続させる旨の遺言[30]は，特段の事由がない限り遺産分割方法の指定と解すべきであり，相続開始時点で目的物の所有権は受遺者に確定的に帰属すると解されている（最判二小平成3.4.19）。そうすると遺産分割方法の指定がなされた目的物は，遺産分割を経ずに確定的に受遺者に所有権が帰属するのであるから，論理的には当該相続人が相続を放棄しなければ，相続させる旨の遺言に反する分割協議はできないとも考えられるが，これを肯定する判決例がある。

　さいたま地裁平成14年2月7日は「相続させる旨の遺言による場合でも，遺言者の通常の意思は相続をめぐって相続人間に無用な紛争が生ずることを避けることにあるから，遺言と異なる遺産分割が相続人間によって協議されたとしても，直ちに被相続人の意思に反するとはいえず，相続人間において遺言と異

---

[30] 遺言書の記載から，その趣旨が遺贈であることが明らかであるか又は遺贈と解すべき特段の事情のない限り，当該遺産を当該相続人をして単独で相続させる遺産分割の方法が指定されたものと解すべきであり，その場合には，当該遺言において相続による承継を当該相続人の意思表示にかからせたなどの特段の事情のない限り，何らの行為を要せずして，当該遺産は被相続人の死亡時に直ちに相続により承継される（最二小判平3・4・19民集45巻4号4777）。

なる遺産分割をすることが一切できず，その遺産分割を無効とする趣旨まで包含していると解することはできない」と判示している。

このように適法な分割方法の指定があっても（遺言執行者がいる場合には，遺言執行者の同意を得られれば）（民法1013），共同相続人全員の協議によって指定と異なる分割をしても妨げないということになる。

(注) 遺言執行者がある場合，相続人は相続財産に対する管理処分権を失い（民法1013），遺言 執行者が管理処分権を有する（民法1012）。そこで，遺言執行者は，相続人全員の合意のもとに遺言内容と異なる財産処分を求められても，遺言に基づいた執行をなすことができる（『改訂遺産分割実務マニュアル』P207）。遺言執行者があるにもかかわらず，一部の相続人が遺言に反して相続財産を処分した場合，最高裁は，遺言者の意思を尊重しようとする民法1013条によりその行為は絶対的に無効となるとし，第三者にも対抗できるとする（同書P208，大判昭和5年6月16日民集9巻550頁，判民昭和5年56頁，最判昭和62年4月23日民集41巻3号74頁，判時1236号72頁）。なお，遺言執行者の同意のもとに，合意が利害関係を有する関係人全員（相続人・受遺者）でなされ，かつその履行として処分行為がなされた場合に，民法1013条の目的に反するものではないとして相続財産の処分行為を有効とした裁判例がある（同書P208：東京地判昭和63年5月31日判時1305号90頁）。

遺言で相続人以外の者に特定遺贈がなされた場合，特定遺贈の受遺者は遺言者の死亡後いつでもその特定遺贈を放棄することができる（民法986①）。特定遺贈の内容が可分であるときは，一部放棄もできる。しかし，一部放棄を禁ずる遺言であればそれに従うべきであるとされている[31]。

遺言で相続人以外の者に包括遺贈がなされた場合は，包括受遺者は自己のために遺贈の効力が発生したことを知った時から3カ月の熟慮期間内に承認・放棄をすることを要し，その期間内に限定承認・放棄をしないと包括遺贈の単純承認をしたものとみなされる（民法921二）。このことは，論理的には包括遺贈の一部放棄はできないという結論に達し，特に全部包括遺贈の場合，実務上，はなはだ不都合な事態を生ずることがある。たとえば次のような事例である。

---

(31) 『新版注釈 民法（28）』P210。

第Ⅱ章 遺 贈   141

　被相続人Ａは配偶者も子どももいないので，すべての遺産を妹に包括遺贈した。Ａには母がおり，血族相続人の第一順位は直系尊属である母である。この母親がＡの遺産の一部（母親が居住している自宅）を必要とし，包括受遺者である妹（母親からみると娘）も不服はない。このような場合，包括遺贈の一部放棄が可能ならば相続人である母親と包括受遺者である妹が分割協議を行えば足りるのであるが，包括遺贈の一部放棄が認められないのならば，母は遺留分減殺請求権を行使せざるを得ない。

　民法改正により2019年7月1日以降は，遺留分減殺請求権を行使しても金銭を受け得るだけであり，相続人が特定の遺産を取得するためには民法482条の代物弁済により受遺者から金銭を支払うことに代えて相続財産を相続人に取得させることになる。

　国税庁は受遺者がすべて相続人のケースでは遺言と異なる遺産分割協議も有効であるとの見解を公表しているが（タックスアンサーNo. 4176），相続人以外の者が包括受遺者である場合については特に言及しておらず，遺言を作成するときに留意すべき事項となる。

⑭ 遺言による換価分割

　遺言による換価分割（清算型遺贈）は，遺産を換価し，その対価として得られる金銭を共同相続人間（包括受遺者を含む。）に分配することを指示した遺産分割方法の指定である。

　遺言執行者がある場合は，遺言執行者が相続財産の一部又は全部を換価して相続人や受遺者に分配することとなる。

　換価分割において，遺言の文言から「換価して分配するように指定された遺産を相続又は遺贈により取得する者が確定できる」ならば，当該相続人又は受遺者が譲渡者である。

　しかしながら，換価対象財産を誰に相続させるのか（分割方法の指定），遺贈するのか（特定遺贈）が明確に記載されていない遺言が少なくない。

　この場合は，遺言者の意思を推定することになるが，考え方は概ね次のとおりである。

① 　相続人以外の受遺者が包括受遺者である場合…包括受遺者を含めた相続人が分配される金額に応じた比率で遺産を取得し譲渡したものと判断する。遺言の内容は，相続分の指定，分割方法の指定及び包括遺贈の意思表示と読むことができるからである。

② 　相続人以外の受遺者が特定受遺者である場合…遺言で特定の財産を受遺者が取得した後に換価するというように明確に記載されていない場合は，相続人が当該財産を取得し，譲渡した代金の一部又は全部を特定受遺者に交付すると考える。特定受遺者は金銭を遺贈されたと考えるのである。このように考えると特定の財産の譲渡者は相続人と判断することになる。

第Ⅱ章　遺　贈　143

図表Ⅱ－19　遺言による課税形態一覧表

遺言の内容	遺贈資産に係る譲渡所得の納税義務者	相続税に関する影響
遺言による換価分割	相続人・包括受遺者	換価資産の相続税評価額と時価との差を調整する
法人に対する遺贈	被相続人（準確定申告）	未払所得税は相続債務となる
個人に対する遺贈	課税されない	受遺者は相続税の納税義務者となる

⑮ 法人に対する遺贈（遺贈に係る譲渡所得課税）

　法人に対し譲渡所得の基因となる資産の遺贈が行われた場合には，時価で譲渡されたものとみなされる（所法59①一）。個人間の遺贈ならば，受遺者には相続税を課税し，遺贈者が遺贈財産を取得した時期や取得価額を受贈者に引き継がせることにより，遺贈者が所有していた間に生じた資産の値上がり益を受贈者に引き継がせ，将来，受遺者が受遺財産を譲渡したときに譲渡所得課税を受けることとされている（所法60）。個人から法人に対する遺贈において，同様の取扱いを行うと，本来，所得税が課税されるべき値上がり益（個人が所有していた間の値上がり益）が法人に引き継がれ，所得税が課税されず法人税が課税されるという不合理な結果を生じてしまう[32]。

　このため，法人に対する資産の無償譲渡（遺贈，死因贈与，贈与）については，個人から法人に支配権の移転があったときの「時価」で譲渡があったとみなして譲渡所得課税を行い，遺贈者である個人が所有していたときの値上がり益に対し所得税を清算的に課税するのが現行所得税法59条1項1号の規定である。この規定は，法人に対する遺贈においては，「時価」で譲渡したとみなすことに主眼がある。

　法人に対する遺贈が時価で譲渡したものとみなされる結果，遺贈財産に含み益があれば，遺贈者は譲渡所得の申告が必要となる（所法59①一）。遺贈者の死亡により遺言の効果が生ずるのであるから，遺贈者の相続人は相続開始を知った日の翌日から4カ月以内に準確定申告を行い（所法124），納税義務を負わなければならない（通法5）。法人に対する遺贈が特定遺贈ならば，特定遺贈の受遺者は遺贈者の準確定申告に関しては，申告義務も納税義務も負わない[33]が，包括遺贈ならば，包括受遺者は被相続人の債務を承継するから包括受遺者である法人も準確定申告の共同提出義務を負い，納税義務を承継する。相続人や包括受遺者が複数いる場合には，それぞれの者が承継する国税の額は，

（32）速報税理2008.8.1小林栢弘「法人に対する特定遺贈とみなし譲渡所得課税の適用は？」
（33）第二次納税義務を負担することはある（国徴法39）。

民法900条から902条までの規定（法定相続分・代襲相続人の相続分・遺言による相続分の指定）による相続分により案分して計算した額によるものとされている[34]。その者の負担すべき国税の額が相続によって得た財産の額を超えるときは，その相続人（包括受遺者を含む。）はその額を限度とし，他の相続人がその納付義務を負うものと規定されている（通法5②③）。

このように，遺贈者の準確定申告と納税義務は相続人及び包括受遺者が承継する。このため，土地や株式など含み益のある資産を法人に対し特定遺贈する場合には，相続人が納税資金に苦しまないようにあらかじめ考慮する必要が生ずる。

時価5,000万円の土地を法人に特定遺贈すると，取得費が収入金額の5％ならば，727万円ほどの所得税を負担することになる（5,000万円×（100％－5％）×15.315%≒727万円）[35]。

所得税の納税資金を相続人に相続させる方法も考えられるが，この場合は，相続により取得する資金に相続税が課税される。このようなことから，法人に特定遺贈する場合には，準確定申告における譲渡所得の税金相当額を受遺者である法人に負担させるよう負担付遺贈を行う等の配慮をすることも検討に値する方法である。

ただし，公益法人等その他公益を目的とする事業を行う法人に対し土地等の資産を遺贈するときに，あらかじめ譲渡所得税相当額の金額を負担する内容の負担付遺贈にすると，公益法人等に対する譲渡所得の非課税規定（措法40）が適用できなくなるので注意が必要である。租税特別措置法40条は，法人に対する贈与又は遺贈に関する所得税法59条1項1号の特別規定であり，負担という実質的な対価を伴う資産の移転ならば，無償の資産の移転を前提とする59条1項1号の適用はなく，租税特別措置法40条の規定の適用の余地もなくなるのである。

---

(34) これに対し相続税の課税価格は，民法900条から903条（特別受益）による相続分により計算する。3年内加算の対象となる相続開始前の贈与は特別受益に当たるからである。

(35) 住民税の課税時期である翌年の1月1日には納税義務者である被相続人は存在しないので住民税（5％）は課税されない。

所得税法59条の規定する「法人」には，営利法人だけでなく，人格なき社団・財団，持分の定めのない法人，国又は地方公共団体も含まれる。

　人格なき社団や財団（以下，「人格なき社団等」という。）に対し遺贈が行われた場合には，人格なき社団等は個人とみなされ相続税が課税されるが，（遺贈資産が譲渡所得の基因となる資産であれば）同時に遺贈者に対し所得税法59条1項1号が適用され遺贈資産は時価で譲渡されたものとみなされ，遺贈者に譲渡所得課税が行われる。

　人格なき社団等は，民法上は法人格を有しないが，所得税法では，代表者又は管理人の定めのある人格のない社団等は法人とみなされるので（所法4）[36]，所得税法59条の規定する「法人」に含まれるのである。

　持分の定めのない法人や国又は地方公共団体は，法人格を有するから持分の定めのない法人に対する遺贈は「時価」で譲渡されたものとみなされる。

　ただし，国又は地方公共団体に対し財産を遺贈（寄附）した場合にまで譲渡所得課税の対象とするのは適当ではないので，国又は地方公共団体に遺贈したときは租税特別措置法40条《国等に対し財産を譲渡した場合の譲渡所得等の非課税》により所得税法59条1項1号の規定する遺贈はなかったものとみなされ，譲渡所得の課税は行わないこととされている（措法40①）。

　また，遺贈を受ける法人が公益認定委員会により認定された公益社団法人，公益財団法人や公益認定を受けることはできないものの，非営利型法人である特定一般法人[37]，その他公益を目的とする事業を行う法人（注）である場合

---

(36) 法人税法では，収益事業を行う場合に法人税の納税義務者になるとされている（法法4①）。

(37) 非営利型法人として，事業により利益を得ること又は得た利益を分配することを目的としない法人であって（法法2①九のニイ），その事業を運営するための組織が適正であるための所定の要件に該当しなければならない（法令3，措法40①）。非営利型法人とは，一般社団法人又は一般財団法人のうち「非営利性が徹底された法人」又は「共益的活動を目的とする法人」として所定の要件をすべて満たしている法人をいい（法法2九の二），所定の要件を満たせば特に申請する必要もなく法人税法上の公益法人等として取り扱われ，国税庁が定める34種の収益事業以外から得た所得については法人税が非課税となるが，公益社団法人・財団法人とは異なり，非営利事業に係る金融資産の利子・配当にも源泉所得税が課され，収益事業等から生ずる所得とは通算されない（法令3）。

には，民間の行う公益活動を促進する観点から，これらの法人に対する財産の遺贈についても，遺贈が公益の増進に著しく寄与すること，遺贈された財産（国外財産は除かれる。）が２年以内に公益目的事業の用に直接供されるなど一定の要件を満たすものとして国税庁長官の承認を得たときは，国又は地方公共団体に対する遺贈と同様に，所得税法59条１項１号の規定については遺贈がなかったものとみなすこととされている（措法40①後段）。

（注）外国法人は除かれる。人格なき社団等は含まない。財団である医療法人及び持分の定めのない医療法人を含む。

　国税庁長官の承認を受けた財産の遺贈につき，一定の要件を満たさないこととなったときは，国税庁長官は承認を取り消すことができる。この場合に，遺贈された財産を公益事業の用に供する前に承認取消事由が生じたときは，遺贈をした個人に対し遺贈があったときの時価に相当する金額で譲渡があったとみなして譲渡所得課税が行われる。課税年分は，贈があった日の属する年分である（措法40②，措令25の17⑫）[38]。

　遺贈された財産を公益事業の用に供した後に，譲渡所得の非課税の承認取消事由が生じたときは，遺贈を行った個人に譲渡所得の課税を行うのは過酷であり，承認取消まで相当の期間が経過していることも考えられるので，遺贈を行った個人に対しみなし譲渡所得の課税を行うのではなく，公益を目的とする事業を行う法人を遺贈した個人とみなして，遺贈を受けた公益を目的とする事業を行う法人に対しみなし譲渡所得課税が行われる（措法40③）。

---

(38) 遺贈ではなく贈与があった場合にも同様の取扱いとなるが，承認が取り消された贈与のみなし譲渡所得の課税年分は，贈与の非課税承認が取り消された日の属する年分となる。非課税承認取消の日までに贈与者がすでに死亡している場合は，贈与者が死亡した日の属する年分となる。

図表Ⅱ−20 法人に対する遺贈に係るみなし譲渡課税整理表

受遺者	遺贈者	申告方法等	
普通法人	みなし譲渡所得の課税 （所法59①一）	被相続人に課税 （準確定申告）	
代表者又は管理人の定めのある人格なき社団又は財団	みなし譲渡所得の課税 （所法59①一）	被相続人に課税 （準確定申告）	
公益社団法人，公益財団法人や特定一般法人，その他公益を目的とする事業を行う法人（財団である医療法人及び持分の定めのない社団である医療法人を含む。外国法人は含まない。）	みなし譲渡所得の課税 （所法59①一）	被相続人に課税 （準確定申告）	
	国等に財産を寄附した場合の譲渡所得の非課税（措法40，措令25の17，措規18の19）	国税庁長官の承認 譲渡所得非課税	
		非課税承認取消	
		公益事業に供する前に承認取消	公益事業に供した後に承認取消
		被相続人に課税 （準確定申告）	公益目的事業を行う法人を遺贈した個人とみなして譲渡所得課税

第Ⅱ章 遺贈　149

(16) 受遺法人等に対する課税

1 営利法人に対する遺贈

　相続税の納税義務者は原則として自然人たる個人である。株式会社など営利法人が遺贈を受けた場合，受贈益に対し法人税が課税される。営利法人が相続税の納税義務者となることはない。ただし，営利法人に対する遺贈があった場合には，間接的に営利法人の株主に対する利益供与となる場合がある。営利法人に対する利益の供与（遺贈）により，その法人の株価が上昇するときには，遺贈者から営利法人の株主に対し株価上昇分の経済的利益の遺贈があったと認定され相続税の課税が行われる[39]（相法9，相基通9－2の準用）。

　株価上昇分の経済的利益の算定については，財産評価基本通達に定める評価方式で評価すべきであるのか，遺贈による法人の財産の増加額を直接反映する純資産評価方式によるべきか，という2つの考え方が存するが，財産評価基本通達は多数の納税者が画一的に評価を行う基準として合理性を有するものとされているので，受遺財産による株価上昇に係る経済的利益を算出する場合でも，遺贈前の株価と遺贈後の株価の算定にあたり財産評価基本通達に定める方法で評価を行うことができると解する。このような見解を採用すると類似業種比準価額を採用して評価を行うことができるケースでは，遺贈による法人資産の増加が株価にほとんど影響しない事態も生ずるが，そもそも類似業種比準価額は，評価対象会社の規模等を勘案し，同種同業の上場会社の株価を基準に，上場会社（標本会社）と評価対象会社の1株当たりの簿価純資産，配当金額，利益金額を比較する方法により，評価会社の株価を算定する市場価額比準方式であり，解散価値を基準にしたものではないから，遺贈による株価上昇分がわずかしか評価に反映しないことが直ちに評価の適正を損じることにはならないと解する。

　株価の上昇分の経済的利益を算出する場合，遺贈により取得した財産の価額

---

(39) 債務超過の法人に対し遺贈が行われた場合は，債務超過部分を補てんし純資産評価額が1円以上にならない場合は，マイナスの資産が0円になるだけなので経済的利益を認識することはない。

から受贈益に係る法人税相当額 [40] を控除することができる。ただし，繰越欠損金がある法人では繰越欠損金を考慮することが必要である。受贈法人に法人税法上の繰越欠損金がある場合には，繰越欠損金を控除した残額に対する法人税等相当額を控除する。繰越欠損金が受贈益よりも多く，課税される法人所得が算出されない場合は，受贈益に対する法人税等相当額は控除しない。

2 受遺者が人格なき社団・財団

受遺者が人格なき社団・財団（以下，「人格なき社団等」という。）である場合人格なき社団等は，法人税法では，34種類の収益事業から生じた所得に対して法人税の納税義務者とされ法人税が課税される。人格なき社団等が遺贈を受けても，受贈益は収益事業に該当しないので法人税が課税されることはないが，相続税法では人格のない社団等は個人とみなされ受遺財産に対し相続税が課税される（法法3，4①，7，相法66①）。ただし，人格のない社団等が公益事業を行い，かつ，一定の要件を満たす場合には遺贈を受けた財産は相続税の非課税財産となる（相法12③，相令2）。

人格なき社団等は，任意に作ることができ，なんら法的規制はなくその態様は千差万別である。中には，特定の者や特定の一族に支配され，特定の者が特別の利益を得ている人格のない社団等が存在する可能性があることは否めない。そこで相続税法は，この仕組みを使った不当な相続税や贈与税の租税回避が行われることを防止するため，人格なき社団等に対し遺贈があった場合には，人格のない社団等を無条件に個人とみなし，相続税の納税義務者にしている（相法66①）。人格なき社団等を設立するために財産の提供があった場合についても同様の取扱いとなる（相法66②）。人格なき社団等に遺贈があり，遺贈財産が譲渡所得の基因となる資産であれば，遺贈者に所得税（譲渡所得）が課税され [41]，遺贈を受けた人格なき社団等には相続税が課税されるのが原則である。

---

(40) この場合の法人税等相当額は財産評価基本通達186－2に定める割合を使用しても差し支えないものとされている。

(41) 租税特別措置法40条1項の適用はない。同条には人格なき社団等を法人とみなして同法を適用する旨の規定は存在しないからである（同旨：東京地判平10.6.26）。

第Ⅱ章 遺 贈　　151

　例外的に，人格なき社団等が宗教，慈善，学術その他公益を目的とする事業を行う者で次の要件に該当するものに当たる場合，遺贈された財産は相続税の非課税財産となる（相法12③，相令2）。

① 　人格なき社団等が専ら公益を目的とする事業を行うこと

② 　公益の増進に寄与することが著しいこと

③ 　事業運営が特定の者又はその特別関係者の支配に服していないこと

④ 　受遺者や受遺者の特別関係者又は被相続人若しくは遺贈者若しくはこれらの者の特別関係者に対し事業に関して特別の利益を与えないこと

3　受遺者が持分の定めのない法人

　受遺者が持分の定めのない法人である場合，持分の定めのない法人（注）は，特定の場合に個人とみなされ相続税の納税義務者となる（相法66④⑥）。特定の場合とは，遺贈者の親族その他これらの者と特別の関係がある者の贈与税，相続税の負担が不当に減少する結果となると認められるときをいう（相法66④⑥，相令31①）。

（注）持分の定めのある法人で，持分を有する者がいないものを含む。

　　　相続税等の負担が不当に減少する結果となると認められる場合とは，次の適正要件から外れた運営組織や事業運用がなされた場合をいう（相令33③）。

① 　運営組織が適正であり，定款等により事業運営が特定の者又はその特別関係者の支配に服さないこと

② 　これらの者に対し事業に関連して施設の利用，金銭の貸付けなどの特別の利益を与えないこと

③ 　定款等において残余財産を国又は地方公共団体又は公益社団法人・公益財団法人その他の公益を目的とする事業を行う法人（持分の定めのないものに限る。）に帰属させる旨の定めがあること

④ 　法令に違反する事実等がないこと

　　　一般社団法人等については，以下の適正要件も満たしていなければならない（相令33④）。

⑤ 　課税時の定款に次の定めがあること

イ　役員等の数に占める特定の親族の割合がいずれも３分の１以下とする
旨の定め

ロ　法人が解散したときに，その残余財産が国等に帰属する旨の定め

⑥　課税時前３年以内にその一般社団法人等に係る贈与者等に対し，財産の
運用及び事業の運営に関する特別の利益を与えたことがなく，かつ，課税
時における定款において贈与者に対し特別の利益を与える旨の定めがない
こと

⑦　課税時前３年以内に国税又は地方税について重加算税又は地方税の規定
による重加算金を課されたことがないこと

持分の定めのない法人を設立するために財産の提供があった場合につい
ても同様の取扱いとなる（相法66④）。

持分の定めのない法人が個人とみなされ受遺財産に対し相続税が課税される
場合に，公益事業用財産の非課税の特例（注）の規定の適用はない。

公益事業用財産の非課税規定の立法趣旨は，遺贈を受ける者が，専ら公益の
増進に寄与するところが著しいと認められる事業を行う者であり，かつ，同族
関係者等特別な関係にある者に対し特別の利益を与えるような事実がないもの
に限るというものである（相令２）。したがって，遺贈者の親族その他特別関
係者の相続税又は贈与税の負担を不当に減少させる結果となると認められる場
合に限り相続税の納税義務者となる持分の定めのない法人が受けた遺贈財産は
公益事業用財産の非課税財産の要件に該当する余地はない[42]。

(注) 宗教，慈善，学術その他公益を目的とする事業を行う者で，一定の要件に該当
するものが相続又は遺贈により取得した財産で，その公益を目的とする事業の
用に供することが確実なもの（取得から２年以内に受遺財産をその公益事業の
用に供すること）は，相続税の非課税財産とされている（相法12①三）。

なお，持分の定めのない法人に対する遺贈を通じ，法人の理事等特定の者や
その親族，特別関係者が法人から特別の利益を受ける場合には，法人から受け
る特別の利益を遺贈者から遺贈により受けたものとみなして相続税を課税する

──────────

[42]『DHCコンメンタール相続税法』P1197。医療法人の例につき，東京地判昭46.7.15.
税務訴訟資料63・135。

という規定がある（相法66）。

　形式的には，個人が法人に対し遺贈を行った場合でも，遺贈を受けた法人が特定の個人に特別の利益を与えるような法人であれば，実質的には法人に対する遺贈ではなく特定の個人に対する遺贈とみなければならないからである。

　法人から受ける特別の利益とは，事業による施設の利用，余裕金の運用，解散した場合の財産の帰属，金銭の貸付け，資産の譲渡，給与の支給，役員等（理事，監事，評議員その他これらの者に準じるものをいう。）の選任，その他財産の運用及び事業の運営に関して法人から受ける利益をいう（相令32）。

　遺贈により受ける利益の価額に相当する金額とは，遺贈によって法人が取得した財産そのものの価額ではなく，法人に遺贈があったことに関して，遺贈を受けた法人から受けた特別の利益の実態により評価することとなっている（昭和39年通達21）。この規定は，受遺法人に相続税が課税されるときには適用はない（相法65）。

⑰ 特別の寄与

1 民法1050条（特別の寄与）の新設

　令和元年7月1日以降，相続人以外の親族が被相続人の介護や看護等の特別の寄与を行った場合には，相続開始後，一定の要件のもとで，相続人に対して金銭を請求できることになる。以前は，相続人以外の親族（いわゆる「長男の嫁」など）が被相続人の介護等を行っていたとしても遺産分割手続きにおいて寄与分の主張ができず衡平を失っていたため，救済されることになったのである。

　民法1050条は，1項において「被相続人に対して無償で療養看護その他の労務の提供をしたことにより被相続人の財産の維持又は増加について特別の寄与をした被相続人の親族（相続人，相続を放棄した者及び第891条の規定に該当し又は排除によってその相続権を失った者を除く。以下この条において「特別寄与者」という。）は，相続の開始後，相続人に対し，特別寄与者の寄与に応じた額の金銭（以下この条において「特別寄与料」という。）の支払を請求することができる。」と規定し，特別寄与者は，特別寄与料の支払いを相続人に請求することになるが，当事者間で協議が調わないとき又は協議することができないときは，特別寄与者は，同人が相続の開始及び相続人を知った時から6か月を経過するとき又は相続開始の時から1年を経過するときまでに，家庭裁判所に対して協議に代わる処分を請求することとされている（民法1050条2項）。

　相続人は，民法1050条5項「相続人が数人ある場合には，各相続人は，特別寄与料の額に第900条から第902条までの規定により算出した当該相続人の相続分を乗じた額を負担する。」と定められていることから，特別寄与料を法定相続分で負担することになる。

2 平成31年度税制改正

① 特別寄与者が受けとる特別寄与料

上記の制度が新設されたことに伴い，平成31年度税制改正では，特別寄与者が受けとる特別寄与料について，相続税法4条（遺贈により取得したものとみなす場合）新設された2項で「特別寄与者が支払いを受けるべき特別寄与料の額が確定した場合においては，当該特別寄与者が，当該特別寄与料の額に相当する金額を当該特別寄与者による特別の寄与を受けた被相続人から遺贈により取得したものとみなす。」と規定し，特別寄与者を受遺者と同様に相続税の申告に参加させている。そして，相続税の2割加算についても受遺者と同様に対象となる。

② 特別寄与料を支払った相続人の課税関係

一方特別寄与料を支払った相続人の課税関係は，相続税法13条（債務控除）新設された4項で「特別寄与者が支払を受けるべき特別寄与料の額が当該特別寄与者に係る課税価格に算入される場合においては，当該特別寄与料を支払うべき相続人が相続又は遺贈により取得した財産については，当該相続人に係る課税価格に算入すべき価額は，当該財産の価額から当該特別寄与料の額のうちその者の負担に属する部分の金額を控除した金額による。」と規定し，債務や葬式費用と同様に扱っている。

第 Ⅲ 章
相　続

① 親族と姻族

　親族とは六親等の血族，配偶者及び三親等の姻族をいう（民法725）。姻族とは自己の配偶者の血族又は自己の血族の配偶者をいう。父母と子，祖父母と孫など一方が他方の子孫であり，一方は他方の父祖であって血縁が直下する場合を直系血族という。兄弟姉妹，伯父伯母，甥姪，従兄弟姉妹など，同一ないし共同の始祖から分岐した2つの親系に属する子孫であるものを傍系血族という。妻の直系血族は夫にとり直系姻族であり，夫の直系血族は妻にとり直系姻族であり，妻の傍系血族は夫にとり傍系姻族，夫の傍系血族は妻にとり傍系姻族となる。親族のうち，自己又は配偶者の父母，祖父母，曾祖父母と同じ世代にある者を尊属といい，自己又は配偶者の子孫及び子孫と同世代にある者を卑属という。親族関係の遠近の程度を測る単位を親等という。親等は，直系尊属及び卑属の場合は単純に子，孫，曾孫とカウントするが，傍系の場合は，同一の父母，祖父母，曾祖父母までいったん遡り，その始祖から対象となる者まで世代数を合計して定める（民法726）。姻族については，配偶者を基準にして親族と同様に計算する。

図表Ⅲ-1　親族図

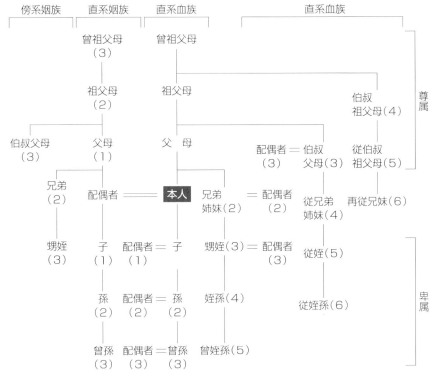

（注）伯叔の区別は父母の兄が伯父，弟が叔父というように父母や祖父母より年齢が上の者が伯，下の者が叔である。

② 相続人の範囲と順位

1 相続人の範囲

　相続人は，被相続人と一定の血縁関係（法定血族を含む。）を有する血族相続人と被相続人の配偶者であることにより相続権が認められる配偶者相続人の二系統に分類される。血族相続人は被相続人の子（直系卑属を含む。），直系尊属，兄弟姉妹（直系卑属を含む。）である。

2 血族相続人の順位

　第一順位の血族相続人は子である（民法887①）。被相続人と法律上の親子関係があればよい。嫡出でない子の相続分は，嫡出である子の相続分の2分の1とされていたが（旧民法900四ただし書き），平成25年9月4日に出された大法廷決定は，当該規定は，遅くとも平成13年7月当時において，憲法14条1項に違反していたものというべきであると判示した。

　これを受け，平成25年12月5日，民法の一部を改正する法律が成立し，嫡出でない子の相続分が嫡出子の相続分と同等になった（同月11日公布・施行）。

　民法の改正のポイントは，①法定相続分を定めた民法の規定のうち嫡出でない子の相続分を嫡出子の相続分の2分の1と定めた部分（900条4号ただし書前半部分）を削除し，嫡出子と嫡出でない子の相続分を同等にしたことと，②改正後の民法900条の規定は，平成25年9月5日以後に開始した相続について適用することとした点にある。

　新法が適用されるのは，平成25年9月5日以後に開始した相続であるが，平成25年9月4日の最高裁判所の違憲決定があることから，平成13年7月1日以後に開始した相続についても，既に遺産分割が終了しているなど確定的なものとなった法律関係を除いては，嫡出子と嫡出でない子の相続分が同等のものとして扱われる。

　孫以下の直系卑属はすべて自己固有の相続権がなく子を代襲して相続し得るにとどまる。

160

図表Ⅲ－2　民法に規定する相続人と相続税法の規定一覧表

項目		条文	相続又は遺贈により財産を取得した者（相続税の納税義務者）							
			配偶者	子	養子	代襲者	包括受遺者	欠格者	廃除された者	放棄した者
民法に規定する相続人		民法886～895	○	○	○	○	注1	× 欠格者の子は代襲相続人となる	× 被排除者の子は代襲相続人となる	× 放棄者の子は代襲相続人にならない
相続税法の規定	死亡保険金の非課税規定	相法12①五イ	○	○	● 注2	○	×	×	×	×
	死亡退職金の非課税規定	相法12①六イ	○	○	● 注2	○	×	×	×	×
	相次相続控除	相法20，相基通20－1	○	○	○	○	×	×	×	×
	基礎控除の計算	相法15	○	○	● 注2	○	×	×	×	○
	法定相続分による相続税の総額の計算	相法16	○	○	● 注2	○	×	×	×	○
	相続人の数に算入される養子の数の制限	相法63	○	○	● 注2	○	×	×	×	○
	相続税の2割加算対象者	相法18，相基通18－1，18－3	×	×	○ 注3	×	○	△ 注4	△ 注4	△ 注4
	配偶者の税額軽減特例	相法19の2①	○	○	○	○	×	×	×	○
	未成年者控除	相法19の3①③	○	○	○	○	×	×	×	○
	障害者控除	相法19の4①③	○	○	○	○	×	×	×	○
	相続時精算課税に係る相続税の納税義務の承継	相法21の17	○	○	○	注5	○	×	×	×
	申告期限前に相続人が死亡した場合の申告義務者	相法27②	○	○	○	○	○	×	×	×

（注1）包括受遺者：相続人ではないが，遺産の全部あるいは何分の一という割合で遺贈を受ける者をいう。包括受遺者は相続人と同一の法律的地位に立つことになり，相続の承認，放棄，遺産分割

第Ⅲ章 相　続　　161

などの規定がそのまま適用される（民法990）。

（注2）　養子の数の制限：基礎控除の計算（相法15②）において養子の数は制限され，この取扱いは，相続税法15条の規定する養子の数を基礎とする死亡保険金・退職金の非課税規定及び相続税の計算においても同様となる（詳しくは後述4養子の項参照）。

（注3）　孫養子は2割加算の対象となる。民法上，法定血族とされる養子，養親は一親等の血族として，相続税の2割加算の対象とはならないのが原則であるが，被相続人の直系卑属で被相続人の養子となっている者，いわゆる孫養子や曾孫養子（代襲相続人である場合を除く）については相続税の加算の対象となる（相基通18－3）。

（注4）　相続放棄をした者，欠格若しくは廃除の事由により相続権を失った者が遺贈や死亡保険金を取得した場合，これらの者が配偶者や一親等の血族ならば，2割加算の対象にはならない（ただし，代襲相続人が相続放棄をし遺贈等を受けた場合は，2割加算の対象となる。）。

（注5）　相続税法21条の17（相続時精算課税に係る相続税の納付義務の承継等）の適用においては相続税精算課税適用者が特定贈与者より先に死亡した場合の代襲を同人の相続人（承継相続人）の相続人（再承継相続人）までしか認めず，再承継相続人の相続人には認めない（相法21の17④，相基通21の17－1）。なお，民法上，相続時精算課税適用者を被相続人とする第二順位の相続人となる特例贈与者は，相続時精算課税適用者の権利義務を承継できないこととしている（相法21の17①）。

　第二順位の血族相続人は，直系尊属である（民法889①一）。実父母，実祖父母ともに固有の相続権を有するが，より近い親等の直系尊属が1人でもいれば，それより遠い親等の直系尊属は相続人になれない。

　第三順位の血族相続人は，兄弟姉妹である（民法889①二）。父母の一方のみを同じくする兄弟姉妹の相続分は，父母の双方を同じくする兄弟姉妹の相続分の2分の1とされている（民法900四ただし書き）。代襲相続は兄弟姉妹の子（甥姪）まですることができる（民法889②，901②）。

3　配偶者相続人の順位

　配偶者は，第一順位，第二順位，第三順位の血族相続人と並んで常に相続人となる（民法890）。血族相続人がいないときは単独で相続人となる。

4　養子

　養子は養子縁組の日から養親の嫡出子としての身分を取得し養親の法定血族となる（民法809）。

　養子は他の嫡出子と同等の相続権を取得する。

　養子縁組は戸籍法に基づく届出により効力を生ずる（民法799，739）。

　養子縁組により親族関係を生ずるのは，「養子」と「養親及び養親の血族」

との間である（民法727）。

養子縁組により「養子縁組前に存在した養子の子どもや孫」と「養親」の間には親族関係は生じない（民法727）。

特別養子縁組によらない限り，養子縁組をしても養子は実父，実母との血族関係は継続するので，養親と実親双方の血族関係が併存する。

特別養子縁組の特徴は，家庭裁判所の審判によって縁組が成立すること，養親は夫婦に限られること，養子は原則として6歳未満であること，養子と実方の父母等との親族関係が終了すること，離縁は審判によるが養親側から離縁請求はできないことなどである（民法817の2〜817の11）。

相続税の計算をするとき，①基礎控除額，②生命保険金及び死亡退職金の非課税限度額，③相続税の総額の計算については，民法の定める相続人の数（法定相続人）を基に行う。これらの計算をするときの法定相続人の数に含める養子の数は，被相続人に実子がいる場合は1人まで，実子がいない場合は2人までと制限されている（相法12，15，16）。ただし，養子の数を法定相続人の数に含めることで相続税の負担を不当に減少させる結果となると認められる場合，その原因となる養子の数を相続人の数に算入しないで計算することとされている（相法63）。

なお，次のいずれかに当てはまる者は，実子として扱われ，すべて法定相続人の数に含めて計算する（相基通15−2，63−1，63−2）。

(1) 被相続人との特別養子縁組により被相続人の養子となっている者

(2) 被相続人の配偶者の実子で被相続人の養子となっている者

(3) 被相続人と配偶者の結婚前に特別養子縁組によりその配偶者の養子となっていた者で，被相続人と配偶者の結婚後に被相続人の養子となった者

(4) 被相続人の実子，養子又は直系卑属がすでに死亡しているか，相続権を失ったため，その実子などに代わって相続人となった直系卑属

第Ⅲ章　相　続　　163

■養子縁組により身分が重複する場合の相続分
・実の親が非嫡出子を養子とした後に死亡し相続が開始した場合
　非嫡出子であった実子は，実の親の養子となることにより嫡出子の身分を取得し，非嫡出子の身分が消滅するので非嫡出子と養子の地位に基づく相続分が重複することはない。
・被相続人Ａが「Ａに先立ち死亡したＡの代襲相続人であるＡの子どもＢの子Ｃ（孫）」を養子としていた場合
　子Ｂが生存していれば，Ａの相続人は子どもＢと孫Ｃであり，孫Ｃは子どもＢの相続した財産を子どもＢが亡くなったときに相続することができるから，養子としての相続人の地位と代襲相続した子どもＢの相続人の地位とは排斥しあうものではない。重複して身分を取得することができる（戸籍先例：昭和26・9・18民甲1881号回答）。したがって，Ａの孫Ｃの相続分は代襲相続人としての相続分と養子としての相続分との双方の相続分を有する。ただし，このように相続人の中に代襲相続人であり，かつ，被相続人の養子となっている者がいる場合の相続税法15条2項に規定する相続人の数については，その者は実子1人として計算する（相基通15－4）。
・被相続人の配偶者が被相続人の亡父母の養子となっていた場合
　いわゆる婿養子のケースである。婿養子Ａは，妻Ｘ（被相続人）の両親の養子であるから，法律上は，Ｘの配偶者であるとともにＸの兄弟でもある。Ｘが亡くなったときに，配偶者としての相続分と，兄弟としての相続分を主張できるかという疑問が生じるが，兄弟としての相続分はない（戸籍先例：昭和23・8・9民甲2371）。

5　子の代襲相続人

　代襲相続は，相続開始以前[1]の死亡，相続欠格及び相続人の廃除の3つに限られる（民法887②）。

　被相続人の子の代襲相続人は，相続権を失った者の子であるとともに，被相続人の直系卑属でなければならない（民法887②ただし書き）。この規定により，相続人である子が養子である場合に，その養子に縁組前に生まれた子があると

---

(1)「以前」であるから，被相続人とその相続人である子が同時に死亡したと推定される場合には，孫が代襲相続人になる。

き，その子と養親との間には親族関係を生ぜず，相続人とはならない。

図表Ⅲ－3 代襲原因になるものとならないもの

推定相続人	子の子
（被相続人の子）	代襲相続人となるか
相続開始以前に死亡した場合	○
相続欠格事由に該当した場合	○
廃除により相続権を失った場合	○
相続を放棄した場合	×

6　養子の代襲相続人

　養子は，養子縁組の日から嫡出子としての相続権を取得するから，養子縁組の日以降に生まれた養子の子は養親の直系卑属（孫）となり養親を通じて養親及びその血族との間に血族関係を生ずるが，養子縁組前に生まれた養子の子，いわゆる養子の連れ子は養親との間に親族関係は生じない（民法727，887②ただし書き，大阪高判平1.8.10）。ただし，養子縁組前の養子の子が養親の実子の子でもあって養親の直系卑属に当たる場合には，養親を被相続人とする相続において，養子の子は養親より先に死亡した養子を代襲して相続人となる[2]（同旨戸籍先例：昭和三五年八月五日民事甲第一九九七号民事局第二課長回答）。

（2）民法887条2項ただし書きにおいて，「被相続人の直系卑属でない者」を代襲相続人の範囲から排除した理由は，血統継続の思想を尊重するとともに親族共同体的な観点から相続人の範囲を親族内の者に限定することが相当であると考えられたこと，特に単身養子の場合において，縁組前の養子の子が他で生活していて養親とは何ら係わりがないにもかかわらず，これに代襲相続権を与えることは不合理であるからこれを排除する必要があったことによるものと思われるところ，本件の場合には，右Cはその母Bを通じて被相続人Aの直系の孫であるから右条項の文言上において直接に違反するものではなく，また，被相続人との家族生活の上においては何ら差異のなかった姉妹が，亡父と被相続人間の養子縁組届出の前に生まれたか後に生まれたかの一事によって，長女には相続権がなく二女にのみ相続権が生ずるとすることは極めて不合理であるから，衡平の観点からも，右Cには被相続人Aの遺産に関し代襲相続権があると解するのが相当である（大阪高判平1.8.10）。

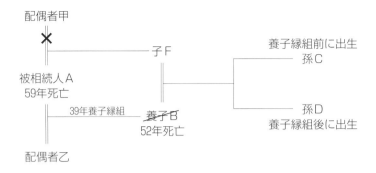

　養子縁組時に胎児であった者が，養子縁組後に出生した場合，養子縁組前に生まれた養子の子（養子の連れ子）は，被相続人の代襲相続人にならないとする民法887条2項ただし書きの適用はなく，民法1条の3により被相続人の直系卑属に該当することとなる。したがって，養子の子が出生した後，養子が死亡し，その後に養親が死亡した場合，養子縁組時点で胎児であった養子の子は，養子の代襲相続人となる(3)。

　養子の子が養親と離縁している場合には，離縁した養子は離縁した養親の相続権がないので，離縁した養子が離縁した養親より先に亡くなった後に離縁した養親の相続が開始しても，離縁した養子の子は離縁した養子の代襲相続人にはならない。

図表Ⅲ－4　養子の子の代襲相続権一覧表

養親A	被相続人			
養子B	養親Aより先に死亡			
養子Bの子C	AB縁組前に出生	AB縁組後に出生	AB離縁	AとCは血縁
代襲相続の有無	×	○	×	○

---

(3) 胎児はすでに生まれたものとみなす規定は，出生した胎児が養親の直系卑属となるかという親族関係には適用されない。

③ 相続税の２割加算

1 相続税額の２割加算制度の趣旨

　２割加算制度の立法趣旨は，相続又は遺贈により財産を取得した者が被相続人と血縁関係の疎い者である場合や全く血縁関係のない者である場合には遺産の取得に関し偶然性が高いこと，また，意図的に被相続人が子を越えて孫に遺贈し相続税の課税を１回免れようとする場合にも，配偶者や子ども，親が相続する場合に比べ，多くの負担を求めることが合理的であることとされている。

2 概要

　相続又は遺贈により財産を取得した者が被相続人の一親等の血族（当該被相続人の直系卑属が相続前に死亡し又は相続権を失ったため，代襲して相続人となった当該被相続人の直系卑属を含む。）及び配偶者以外の者である場合には，相続税法17条により算出した相続税額にその20％を加算した金額が，その者の相続税額となる（相法18）。

　加算が行われる者は次の者以外の者である。

(1) 被相続人の一親等の血族

　被相続人の一親等の血族には，その被相続人の直系卑属が被相続人の養子となっている場合（いわゆる孫養子）は含まれないものとされ２割加算の対象となる（相法18②）。ただし，代襲相続人となっている場合は除かれ２割加算の対象にはならない。

(2) 被相続人の配偶者

　被相続人の一親等の血族や被相続人の配偶者が相続を放棄し又は廃除され若しくは相続欠格者となっているにもかかわらず，被相続人から遺贈を受けた場合には２割加算の適用はない。これらの理由により被相続人の一親等の血族や被相続人の配偶者の地位を失うわけではないからである。

(3) 被相続人の一親等の血族又はその直系卑属が相続開始前に死亡し，廃除され，又は相続欠格者に該当するため代襲して相続人となった被相続人の直系卑属

この場合の直系卑属は「代襲して相続人となった」者に限られるから，被相続人の代襲相続人が相続を放棄して，死亡保険金，死亡退職金や遺贈を受けた場合には2割加算の対象となる。

3　相続時精算課税適用者に係る例外

相続開始の時に被相続人の一親等の血族（被相続人の直系卑属が相続開始前に死亡し，又は相続権を失ったため，代襲して相続人となった被相続人の直系卑属を含む。）に該当しない相続時精算課税適用者については，その相続税額のうち被相続人の一親等の血族であった期間内に被相続人からの贈与により取得した相続時精算課税制度の適用を受ける財産の価額に対応する相続税額については，2割加算の対象とはならないこととされている（相法21の15，21の16②，措令5の2）。

図表Ⅲ-5　相続税額の2割加算制度（網掛けの人は加算対象）

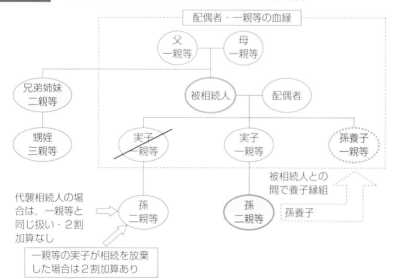

相次相続控除

　遺贈を受けた財産について，相次相続控除を受けるためには，受遺者が相続人（法定相続人）でなければならない[(4)]。相続人とは民法に規定する相続権を有する者をいうから，相続を放棄した者や廃除等により相続権を失った者は相続人ではないので，これらの者が遺贈を受けた場合に相次相続控除は適用できない。相続人でない受遺者にも適用はない（相基通20－1）。

> ■未成年者控除・障害者控除は
> 　未成年者や障害者は相続を放棄しても，遺贈や死亡保険を受領したときには，未成年者控除，障害者控除の適用を受けることができる。未成年者控除や障害者控除は，放棄がなかったものとした場合の相続人に適用される（相法19の3①，19の4①）。これは，未成年者控除や障害者控除は，財産を取得する人に注目した規定だからである。これに対し相次相続控除は，ほぼ同一の遺産が一族の間で相次いで相続され，10年という比較的短期間に二度課税されるという不合理な負担を軽減しようとする規定なので，適用対象者を民法上の相続人に限定している。たまたま，被相続人の好意により相続人ではないのに遺産を受けた受遺者には適用がない。

　相次相続控除の規定では，最初に相続税が課税された相続を第一次相続と呼ぶ。第一次相続により相続財産を取得した相続人が第一次相続開始後10年以内に亡くなった場合[(5)]の相続を第二次相続と呼ぶ。祖父Xが亡くなり，①Xの遺産を相続した息子Aが亡くなり，②Aの遺産を相続した孫Bが亡くなったときに，Bの相続税の申告において考慮する相次相続控除税額はAの死亡によりBが負担した相続税である。Aの相続が第一次相続，Bの相続が第二次相続である。Aの相続税の申告においてAが負担したXの相続税は相次相続控除の対象とはならない（相基通20－4）。

---

(4) 民法や判決文で「相続人」といえば，法定相続人を指す。
(5) 正確には，第二次相続に係る被相続人がその相続の開始前10年以内に開始した相続（被相続人からの遺贈を含む。）を第一次相続と呼ぶ。

図表Ⅲ-6 相次相続控除概要図

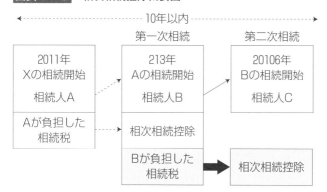

Bを被相続人とする相次相続控除は，第一次相続でBが負担した相続税が対象となる。

（注）AはXの相続人であり，BはAの相続人である場合に，相次相続控除の適用がある。A又はBが各被相続人の相続人ではなく，単なる受遺者である場合には，相次相続控除の適用はないのであるから注意する。

⑤ 相続債務（債務控除）

　相続又は遺贈により財産を取得した相続人のうち債務控除が認められるのは相続人と包括受遺者に限られ，控除できる債務はその者の負担に属する部分であり，かつ，確実と認められるものに限られる（相法13，14）。

　また，控除すべき債務等の範囲は，無制限納税義務者（居住無制限納税義務者と非居住無制限納税義務者）である場合，制限納税義務者である場合，特定納税義務者である場合によって異なる。

　債務控除が認められるのは相続人と包括受遺者に限られるので，特定遺贈に負担が付されていても債務控除はできないが，受遺者の課税価格の計算において，遺贈により取得した財産の合計額から負担の金額を控除することができる（相基通11の2－7）。

　無制限納税義務者については，相続又は遺贈により取得した財産及びその者が相続時精算課税の適用を受けている相続人の場合は相続時精算課税の適用を受ける財産の合計額から債務控除を行う（相法21の15②）。

1　無制限納税義務者の債務控除

　無制限納税義務者が控除できる債務は，被相続人の債務で相続開始の際に現に存するもの（公租公課を含む。）のうち，その者の負担に属する部分の金額及び被相続人に係る葬式費用の金額のうち，その者の負担に属する部分の金額である（相法13①）。

　民法885条は，「相続財産に関する費用は相続財産の中から支弁すること」と規定している。同条のいう相続財産に関する費用とは，相続開始から遺産分割により共有状態が解消されるまでの間に相続財産に生ずる固定資産税，地代，賃料，水道料金などの公共料金及び火災保険料並びに相続財産の換価，弁済及び清算などにかかる費用をいう（東京地判昭61.1.28）。これらの費用は相続開始後に発生するものであるから被相続人の債務でもなく相続の際に現に存する債務でもないから債務控除できる債務には当たらない（相法13，相基通13－

第Ⅲ章　相　続　　171

２）。遺言執行に関する費用も相続財産の中から支弁すべき費用であるが，被相続人の債務ではなく，葬式費用にも当たらないから債務控除の対象とはならない（同旨，東京高判昭52.9.29）。

　また，被相続人の生存中に墓碑を買い入れた代金が未払いであるような，非課税財産の取得，維持，管理のために生じた債務も控除されない（相法13③，相基通13－６）。

２　制限納税義務者の債務控除

　制限納税義務者は，相続又は遺贈により取得した財産で相続税法施行地にあるもの及び相続時精算課税制度の適用を受ける財産の価額から相続税法13条２項に規定する債務で相続開始の際現に存する被相続人の債務のうち，各相続人の負担に属する部分の金額を各々の相続人が控除できる。制限納税義務者は相続税法施行地の財産だけが課税されるので，13条２項は，次のとおり，控除できる債務を課税される財産に関するものだけに限定している。

(1)　法施行地にある財産に係る租税公課（相基通13－７）

(2)　法施行地にある財産を目的とする留置権，特別の先取特権 [6]，質権又は抵当権で担保される債務

(3)　(1)及び(2)に掲げる債務を除くほか，法施行地にある財産の取得，維持又は管理のために生じた債務

(4)　法施行地にある財産に関する贈与の義務

(5)　(1)から(4)までに掲げる債務を除くほか，被相続人が死亡の際法施行地に営業所又は事業所を有していた場合においては，営業所又は事業所に係る営業上又は事業上の債務（相基通13－８）

３　相続又は遺贈により財産を取得しなかった相続時精算課税適用者（特定納税義務者）の債務控除

　被相続人を特定贈与者として相続時精算課税の適用を受けていた特定受贈者

---

(6) 民法306条の一般の先取特権は対象とならない。

が相続又は遺贈により財産を取得しなかった場合，その特定受贈者を特定納税義務者という。特定納税義務者の債務控除は，相続開始時の住所により次の区分となる。

(1) 相続開始時に相続税の法施行地に住所を有する特定納税義務者は，相続時精算課税の適用を受ける財産から相続税法13条1項に規定する債務，すなわち，「被相続人の債務で相続開始の際現存するもの（公租公課を含む。）のうち，その者の負担に属する部分の金額及び葬式費用のうちその者の負担に属する部分の金額」を控除する。

(2) 相続開始時点で相続税法の施行地に住所を有しない者は相続税法13条2項に規定する債務，すなわち課税される財産に関する債務だけを控除する（相法21の16①，相令5の4①）。

4 被相続人の所得税の修正申告に係る本税と附帯税

相続開始後に，被相続人が行った確定申告に誤りがあり相続人が修正申告を行ったときは，被相続人が納付すべき所得税，住民税は被相続人の債務として債務控除できる。過少申告加算税，死亡時までの延滞税等の付帯税も過少申告を行ったのが被相続人であるから債務控除できる。

被相続人が年の初めに確定申告書を提出せずに法定申告期限前に亡くなり，相続人が行った被相続人の準確定申告に誤りがあった場合には，所得税は債務控除できるが申告書を提出したのは相続人なので，無申告加算税，過少申告加算税及び延滞税等の付帯税は債務控除できない。

5 保証債務

保証債務については，原則として債務控除できないが相続開始時点において主たる債務者が資力を喪失し弁済不能の状態にあり，保証債務を履行しなければならない場合であり，かつ，主たる債務者に対する求償権の行使が不能である場合は，その不能部分について保証債務者の債務として控除することができる。他に保証人がいる場合は，他の保証人に求償可能な金額は控除できない（相基通14-3）。

6 「その者の負担に属する部分の金額」の意義

　相続人及び包括受遺者が被相続人の債務をどのように承継するかについて，判例は，可分債務は相続開始と同時に相続分に応じ各相続人に帰属するとしている（東京高判昭37.4.13，福岡高判昭40.11.18）。しかし，このことは相続人間の協議で法定相続分と異なる遺産債務の引受けを取り決めることを妨げるものではない。相続人間の協議は共同相続人間においては有効である。ただ，債権者との関係においては一種の免責的債務引受であるため，その同意なくしてこれを対抗できないだけである。債権者は，各相続人に対しその本来的相続分によって債権を行使してもよいし，分割協議を援用して債務引受をした相続人から支払いを受けることも差し支えないとされる[7]。相続税の申告においては，相続人間の協議は有効であるとの考え方から，債務控除できる金額は「その者の負担に属する部分の金額」であり，相続又は遺贈（包括遺贈及び被相続人からの相続人に対する遺贈に限る。）によって財産を取得した者が「実際に負担する金額」をいうとされている（相基通13－3）。

　各相続人及び包括受遺者について，各々実際に負担する金額が確定していないときの考え方は二通りある。1つは相続債務を単純に法定相続分で案分する方法である。遺言により相続分の指定が行われているときは指定された相続分で案分する。いま1つの方法は相続開始時点の遺産に特別受益を加算して民法上の「みなし相続財産」を計算した後，みなし相続財産を法定相続分で案分した金額から特別受益を受けている者は特別受益を控除した金額を各相続人や包括受遺者の具体的相続分とする方法である（図表Ⅲ－7，Ⅲ－8参照）。

　図表Ⅲ－8をみるとわかるように，特別受益者は特別受益を控除した後の金額が相続開始時点の遺産に対する取得額となるので，法定相続分による案分額よりも取得額が少なくなる。この結果，特別受益を考慮した割合で相続債務を案分すると，特別受益者の負担割合は特別受益を受けていない相続人に比べ少なくなる。生前に贈与を受けている方が債務の負担割合が軽くなる結果となり，相続人間に著しい不公平を生ずることとなる可能性がある。

---

　(7)　『親族法相続法講義案　（六訂再訂版）』P280。

図表Ⅲ-7　民法上の「みなし相続財産」の計算式

みなし相続財産 ＝ 未分割財産 ＋ 特別受益

（注）ここでいう「みなし相続財産とは」民法上のみなし相続財産をいい，被相続人が相続開始の時において所有していた財産に特別受益の額を加算したものである（民法903①）。

図表Ⅲ-8　相続人ごとの具体的相続分の計算

みなし相続財産（未分割財産＋特別受益額）× 法定相続 － 特別受益（特別受益を受けた者は特別受益を控除する）＝ 各人の具体的相続分

図表Ⅲ-9　各相続人・包括受遺者の負担割合と負担額

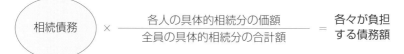

相続税法は55条で未分割の財産については特別受益を考慮した案分方法をとるべきことを定めているが，相続債務についてはなんら規定を置いていない。

民法上，特別受益者がいるときに民法903条を適用して共同相続人間の債務の内部負担の割合を算定するのか，それとも903条の関係は度外視して，債務負担の割合を算出すべきかにつき争いがある。贈与，遺贈その他相続財産分配のすべてを含む各自の取得した相続利益の額に応じた割合で債務を分担する方が，受けた利益の割合と負担する債務の割合が一致するので相続人相互間では公平であるが，相続債権者との関係では，903条を考慮すると特別受益者の負担する割合が少なくなり相続人間に不公平が生ずることなどを理由に後説によるべきだとする見解が有力である[8]。

---

(8) 『親族法相続法講義案　(六訂再訂版)』P252。

国税通則法5条2項は相続人が2人以上あるときは、各相続人が承継する国税の額は民法900条から902条までの規定による相続分により案分して計算した額と規定し後説を採用している。国税庁の相続債務に関する解釈も後説に依っている（相基通13-3）。

未分割で申告するときに、財産については特別受益を考慮した金額として相続税法55条により計算し、債務については単純に法定相続分（相続分の指定があるときはその割合）で算出することになる。財産と債務の案分計算が異なるので、多額の特別受益を得ている受益者は、相続税法55条の取得割合による案分財産が少額又は零となることがあり、法定相続分で単純に案分した相続債務の全額を控除しきれない結果となる可能性もある。そこで、国税庁は、相続人又は包括受遺者が未分割で申告するときに限り、特別受益者の控除しきれない相続債務を他の相続人から控除することを認めている（相基通13-3ただし書き）。

ただ、このような取扱いに問題がないわけではない。相続税法55条は未分割遺産に対する申告を行った後に分割協議が調った場合、（相続税の総額はすでに納付されているので）税額が減少する相続人が更正の請求を行うか、又これを受け増加する相続人が修正申告を行うかは納税者の選択に委ねている。法定申告期限までに相続財産・債務につき分割が行われた場合には、債務控除できるのは実際に負担する債務である。債務が取得財産を上回る相続人があっても、その相続人の取得財産から控除しきれない債務を他の相続人から控除することはできないので、修正申告や更正の請求を行わなければ債務全額を控除できるが、修正申告を行うと控除できない債務が発生することとなる。

⑥ 相続の放棄

　相続の開始を知った日から3カ月以内に家庭裁判所に相続の放棄の申述を行い，受理審判された者は，その相続について初めから相続人でなかったものとみなされる。相続の放棄が行われると，次順位の相続人が，亡くなった者の財産，債務を相続することになる（民法939）。

　相続を放棄した者でも基礎控除の計算では相続人の数にカウントする。基礎控除の計算は3,000万円＋法定相続人数×600万円である。この法定相続人の数は，相続の放棄がなかったものとした場合の民法上の相続人の数によることとされているので，相続の放棄は基礎控除の計算に影響を与えない（相法15）。

　法定相続人である養子が相続を放棄した場合も同様に基礎控除の計算では相続の放棄がなかったものとして計算する。なお，遺産にかかる基礎控除の計算上の「相続人の数」は民法第5編第2章の規定による相続人の数とされる。ただし，その被相続人に養子がある場合の相続人の数に算入する養子の数は，次の区分により（相法15②）制限される。

相続人の数に算入する養子の数
1　被相続人に実子がある場合又は被相続人に実子がなく，養子の数が1人である場合……1人
2　被相続人に実子がなく，養子の数が2人以上である場合……2人

なお，次の養子は実子とみなされ養子の数の制限の対象から除外される（相法15③，相令3の2）。

養子の数の制限から除外される養子
1　民法上の特別養子縁組による養子となった者
2　配偶者の実子で被相続人の養子となった者
3　被相続人との婚姻前に，被相続人の配偶者の特別養子となった者で婚姻後にその被相続人の養子となった者
4　実子若しくは養子又は直系卑属が相続開始以前に死亡又は相続権を失ったため相続人（相続の放棄があった場合には，その放棄がなかったものと

第Ⅲ章　相　続　　177

　した場合における相続人）となったその者の直系卑属

　相続税法15条２項に規定する相続人の数が零である場合における同条１項に規定する遺産に係る基礎控除は，3,000万円である（相基通15－１）。

　相続を放棄した者が，生命保険金，退職金，生命保険に関する権利，定期給付契約に関する権利，保証期間付き定期給付契約に関する権利，契約に基づかない定期金に関する権利の６種類のものを取得した場合には，相続税法は，これらの権利を取得した者が相続人ならば相続により，相続人以外の者ならば遺贈により取得したとみなして相続税を課税することとしている（相法３，相基通３－３）。この相続人の中には，相続を放棄した者及び相続権を失った者は含まれないので，相続を放棄した者及び相続権を失った者は遺贈により取得したものとみなされる（相法３①かっこ書き）。

　退職金や生命保険金に対する非課税規定は，相続人が相続により取得したものとみなされる場合に一定の金額まで非課税にする規定であるから，遺贈により取得したとみなされる場合には適用がない（相法12①五，六，相基通12－８，12－10）。

　相次相続控除については，相続又は被相続人からの遺贈により財産を取得した相続人に限って適用があり，相続を放棄した者は相続人ではないので，相次相続控除の規定の適用はない（相法20，相基通20－１）。

　相続を放棄すると，被相続人の債務を承継することはないから相続を放棄した者が被相続人の債務を支払っても，債務者として支払っているわけではないので債務控除はできない。これに対し，葬式費用は，相続を放棄した者は，被相続人の子どもなど被相続人の近親であるので，その者が葬式費用を負担した場合には遺贈により取得した価格の中から控除しても差し支えないこととされている（相基通13－１）。

　配偶者の相続税額の軽減（相法19の２），未成年者控除（相法19の３，相基通19の３－１），障害者控除（相法19の４）の規定は，配偶者であること，未成年者であること，障害者であることという人的要素に着目した規定であるか

178

ら，相続を放棄した者でもこれらの人的要件さえ具備していれば適用を受けることができる。

図表Ⅲ－10 相続権を失った者と相続税法の規定一覧表

<table>
<tr><th colspan="2" rowspan="2">項目</th><th rowspan="2">条文</th><th colspan="3">遺贈を受けた者</th></tr>
<tr><th>放棄した者</th><th>欠格者</th><th>廃除された者</th></tr>
<tr><td colspan="2">民法に規定する相続人</td><td>民法886〜895</td><td>×

放棄者の子は代襲相続人にならない</td><td>×

欠格者の子は代襲相続人となる</td><td>×

被廃除者の子は代襲相続人となる</td></tr>
<tr><td rowspan="13">相続税法の規定</td><td>死亡保険金の非課税規定</td><td>相法12①五イ</td><td>×</td><td>×</td><td>×</td></tr>
<tr><td>死亡退職金の非課税規定</td><td>相法12①六イ</td><td>×</td><td>×</td><td>×</td></tr>
<tr><td>相次相続控除</td><td>相法20，相基通20－1</td><td>×</td><td>×</td><td>×</td></tr>
<tr><td>基礎控除の計算</td><td>相法15</td><td>○</td><td>×</td><td>×</td></tr>
<tr><td>法定相続分による相続税の総額の計算</td><td>相法16</td><td>○</td><td>×</td><td>×</td></tr>
<tr><td>相続人の数に算入される養子の数の制限</td><td>相法63</td><td>○</td><td>×</td><td>×</td></tr>
<tr><td>相続税の2割加算対象者</td><td>相法18，相基通18－1，18－3</td><td>△注</td><td>△注</td><td>△注</td></tr>
<tr><td>配偶者の税額軽減特例</td><td>相法19の2①</td><td>○</td><td>×</td><td>×</td></tr>
<tr><td>未成年者控除</td><td>相法19の3①③</td><td>○</td><td>×</td><td>×</td></tr>
<tr><td>障害者控除</td><td>相法19の4①③</td><td>○</td><td>×</td><td>×</td></tr>
<tr><td>相続時精算課税に係る相続税の納税義務の承継</td><td>相法21の17</td><td>×</td><td>×</td><td>×</td></tr>
<tr><td>申告期限前に相続人が死亡した場合の申告義務者</td><td>相法27②</td><td>×</td><td>×</td><td>×</td></tr>
</table>

（注）相続放棄をした者，欠格若しくは廃除の事由により相続権を失った者が遺贈や死亡保険金を取得した場合，これらの者が配偶者や一親等の血族ならば，2割加算の対象にはならない（ただし，代襲相続人が相続放棄をして遺贈等を受けた場合は，2割加算の対象となる。）。

7　法定申告期限までに遺産分割協議が調わない場合

　遺言がない場合や遺言があっても分割協議が必要な場合，相続税の申告期限までに遺産分割協議が調わないときは，分割されていない遺産は各共同相続人又は包括受遺者が民法の規定による相続分又は包括遺贈の割合によって遺産を取得したものとして課税価格を計算する。ここにいう相続分とは，寄与分の規定を除く相続分，すなわち法定相続分，指定相続分，特別受益の規定（民法900条から903条）を適用した相続分をいう（相法55，相基通55－1）。生命保険金，退職金等，民法上相続財産とされないみなし相続財産は，特別受益に入るのか議論があるところであり，相続税法基本通達は，みなし相続財産を相続分の計算には含めないこととしている。みなし相続財産は，これを取得した者の課税価格に加算する（相基通55－2）。

　相続債務を負担する者が確定していないときは，特別受益を除いた民法900条から902条までの相続分により債務控除（債務及び葬式費用）の額を計算する。債務控除を行う額が相続又は包括遺贈により取得する財産の額の金額を超えるときは，（相続債務を実際に負担する額が確定していないときに限り）超える部分の金額を他の相続人又は包括受遺者の相続税の課税価格の計算上控除することができる（相基通13－3）。実際に負担する金額が確定している場合は，負担する債務が，遺産の取得価格を超え，引ききれない債務があっても他の相続人又は包括受遺者から控除できない（相法13①）。

　遺産分割が前提となる小規模宅地の課税価格の特例や配偶者の税額軽減は，未分割の状態で行う申告では適用できない。配偶者の税額軽減については，法定申告期限までに分割されていない場合には適用がないこととされているが，分割されていない財産が法定申告期限から3年以内に分割される見込みであるときは，期限内申告書に分割見込書の添付がある場合に限って，分割された日の翌日から4カ月以内に更正の請求を行い，配偶者の税額軽減特例の適用を受けることができるとされている（相法19の2①②③，相法32①八，相規1の6

③二，相基通19の2－4）。

　遺産分割に争いがあるなどして，調停の申し立て，相続について訴えの提起がされたことなど，やむを得ない事情により3年以内に分割されなかった場合には，申告期限から3年を経過する日の翌日から2カ月を経過する日までに「遺産が未分割であることについてやむを得ない事由がある旨の承認申請書」を提出し，税務署長の承認を得たときは，判決の確定，訴えの取り下げ，和解・調停の成立，審判の確定等の日から4カ月以内に分割された場合には適用できることとされている（相令4の2①）。分割された日から4カ月以内に限り更正の請求をすることができる（相法32①八）。

　「申告期限後3年以内の分割見込書」に関する相続税法19条の2第4項には宥恕規定があるが，「承認申請書」の提出期限に関する相続税法施行令4条の2第2項には宥恕規定はない。申告期限から3年を経過する日の翌日から2カ月を経過する日までに承認申請書を提出しない場合は，配偶者の税額軽減特例の適用の余地はなくなるので注意が必要である[9]。

　法定相続分に応じて遺産分割協議を行うときにおいて，必ずしもすべての財産について遺産分割協議が必要なわけではない。

　従前は，金銭債権は可分債権であるから，法律上，当然分割され，共同相続人は各々の相続分に応じて承継する（相続人全員が合意すれば遺産分割の対象とすることは可能である）（最一小昭和29・4・8民集8巻4号819，最三平成16・4・20判時1859号61）。したがって，遺産分割協議が成立していないときでも，「配偶者が金融機関に対し配偶者の相続分相当額について払戻請求を行い，相続税の申告期限までに実際に払戻しを受けたときは，配偶者は当該金員を実効支配するに至っていることから，払戻しを受けたその相続分相当額については，配偶者の税額軽減の特例（相法19の2②）に規定する『分割されてい

---

(9)　東京地判平13年8月24日判決は，「本来，法令の規定によって負担すべきものとされる租税債務の軽減等に関し，当事者の手続上の懈怠について定められた宥恕の規定は，原則に対する例外を定めたものであり，宥恕を認めるべき場合には，手続きにおける恣意性を排除した公平な取扱いを行う意味からも法規に明文をもって規定されるのが通例であり，それ故，明文の規定の有無によって，宥恕の取扱いを異にするのは当然である」と述べ，相続税法19条の2第4項の規定を準用し又は類推適用することは困難であるとしている（相令4の2②）。

ない財産』からは除外されると解するのが相当」（平成12・6・30裁決）とされていた。

　平成30年7月6日に成立した「民法及び家事事件手続法の一部を改正する法律」（平成30年法律第72号。）により新設された民法909条の2（施行期日；令和元年7月1日）は，「各共同相続人は，遺産に属する預貯金債権のうち相続開始の時の債権額の3分の1に第900条及び第901条の規定により算定した当該共同相続人の相続分を乗じた額（標準的な当面の必要生活費，平均的な葬式費用の額その他の事情を勘案して預貯金債権の債務者ごとに法務省令で定める額を限度とする。）については，単独でその権利を行使することができる。この場合において，当該権利の行使をした預貯金債権については，当該共同相続人が遺産の一部の分割によりこれを取得したものとみなす。」とし，民法第902条の2に規定する法務省令で定める額を定める省令（法務省令第29号）は，その額を150万円とした。これらことから，民法第902条の2後段により預貯金債権の払い戻しを受けた時は，遺産の一部の分割によりこれを取得したものとみなし，預貯金債権の払い戻しを受けた者が配偶者であれば，前述平成12・6・30裁決と同じ結論となる。これは，最高裁判所が，平成28年12月19日に従前の判例を変更し，預貯金債権についても遺産分割の対象に含まれるとの判断を示した（最大決平成28年12月19日民集70巻8号2121頁）ことによる。

　相続開始時点で被相続人が保有していた現金は，分割協議を経る必要がある。他の相続人は，保管している相続人に対し法定相続分に従い支払いを求めることはできないこととされている（最二小判平成4・4・10家月44巻8号16）。

　相続開始後，遺産分割までの間に遺産の形態が変わった場合には分割協議を経なくとも法定相続分で分割が確定するものがある。たとえば，相続財産であるマンションを他のマンションと交換した場合，交換取得したマンションは相続財産ではないので遺産分割の対象にならない。交換によって取得したマンションは共同相続人の法定相続分による共有となる(10)。

　遺産を構成する不動産は分割協議を経ないと分割が確定しない財産であるが，

（10）『実務家族法講義』P330。

共同相続人が全員の合意で遺産分割前に遺産を構成する特定不動産を第三者に売却したときは，法定相続分の割合による共有持分に基づく譲渡が行われたものであり (11)，「その不動産は遺産分割の対象から逸出し，各相続人は第三者に対し持分に応じた代金債権を取得し，これを個々に請求することができる」ものとされている（最判昭52・9・19第二小法廷）。このような場合も，配偶者が取得した代金債権を配偶者の税額軽減の特例の対象財産とすることが可能である。

　なお，相続人全員の合意があればいったん分割協議対象財産から離脱した売却代金も「売却代金を一括して共同相続人の1人に保管させ遺産分割の対象に含める合意」があれば分割対象財産とすることは可能である（最一小昭和54・2・22家月32巻1号149）。

　相続税の法定申告期限後に遺産分割が行われ，全部又は一部未分割状態で申告し当初申告額と異なる割合で遺産の分割が行われた場合には，分割された内容に従って課税価格の計算をやり直し，それに基づいて申告書の提出，更正の請求又は更正若しくは決定をすることができることとされている（相法55）。分割確定により納税額が増加する者は修正申告をすることができる（相法31）。

　減少する者は，分割が確定したことを知った日の翌日から4ヵ月以内に更正の請求をすることができる（相法32①）。税務署長は，更正の請求が提出された翌日から1年又は本来の更正・決定期限のどちらか遅い日までに更正又は決定をすることができる（相法35③）。

　未分割状態で民法上の相続分に基づき申告及び納税を行っていた場合，共同相続人全員で納税すべき相続税の総額は当初申告において納税しているから，分割協議が調った場合の更正の請求や修正・期限後申告は義務的規定ではない。

　相続人全員で納税する相続税の総額が変わらなければ，更正の請求や修正申告を行わず，相続人間で納税額に相当する金銭をやり取りすることで調整することも可能である。実務上，税務署長は，更正の請求に基づき更正をした場合

---

(11) 東京地判平8.8.29。

において，他の相続人につき更正又は決定をすることになるので（相法35③），更正の請求さえ提出しなければ，税務署長が更正又は決定をすることはない。

　未分割遺産は共同相続人の共有とされているから（民法898），共有財産から生ずる賃料等の法定果実は民法の規定による相続分又は包括遺贈の割合に従って相続人（包括受遺者を含む。）に帰属する。遺産分割の効果は相続開始に遡り生ずるが，未分割遺産から生ずる法定果実は遺産とは別個の財産であり，相続人（包括受遺者を含む。）が相続分の割合により確定的に取得し，賃料債権はその後になされた遺産分割の影響を受けない（最判17・9・8判時1913号62頁）。

　ただし，相続人及び包括受遺者全員の合意により，当該法定果実を遺産分割の対象に含めることは可能である。

⑧ 生命保険金

　保険契約者（保険料の負担者）である被相続人が自己を被保険者，死亡保険金の受取人を相続人等としていた生命保険契約は，他人のためにする保険契約であり，支払われた死亡保険金は民法上の相続財産ではない。例外的に被相続人が自己を受取人としていた場合，被相続人が取得した保険金請求権が相続財産となり分割協議の対象となる。

　いずれのケースにおいても，被相続人が負担していた保険料に対応する死亡保険金は相続税の課税対象となる（相法３①一）。相続人１人につき500万円まで非課税である（相法12①五）。この場合の相続人には相続を放棄した者及び相続権を失った者を含まない（相法３①，相基通12－８）。

　なお，相続人が相続により取得したものとみなされる保険金のうちに国等に相続財産を贈与した場合の相続税の非課税規定（措法70）の適用を受ける部分があるときは，上記の非課税部分の金額は，その相続人が相続により取得したものとみなされる保険金の合計額から国等に贈与した部分の金額を控除し，その控除後の保険金の合計金額を基礎として計算することとされている（相基通12－９）。生命保険金の受取人とは保険約款等に基づいて保険事故の発生により保険金を受け取る権利を有するものをいう（相基通３－11）。保険契約上の保険金受取人以外の者が現実に保険金を取得している場合，保険受取人の名義変更の手続きがなされていなかったことについてやむを得ない事情があると認められる場合など，現実に保険金を取得した者が保険金を取得することについて相当の理由があると認められるときは，現実に保険金を取得した者を保険金受取人とすることとされている（相基通３－12）。

第Ⅲ章 相 続　185

⑨　相続人による換価分割

　相続財産のうち分割が確定していない遺産を換価し，換価代金を分割する方法がある。これを換価分割という。換価分割が行われた場合，譲渡所得の申告は誰がどのように行うべきかという問題を生ずる。

　未分割状態の遺産は潜在的に法定相続分で各相続人に帰属しているので（相続共有状態），原則として，未分割で処分する場合は，法定相続分の割合による共有持分に基づく譲渡があったこととなる。判例は，共同相続人が全員の合意により遺産分割前に遺産を構成する特定不動産を第三者に売却したときは，法定相続分の割合による共有持分に基づく譲渡がなされたものであり，その不動産は遺産分割の対象から逸出し（最二小判昭52・9・19），売却代金は，これを一括して共同相続人の1人に保管させて遺産分割の対象に含める合意をするなどの特段の事情がない限り，相続財産には加えられず，共同相続人が各持分に応じて個々にこれを分割取得するとしている（最二小判昭54・2・22）。

　これとは異なり，売却する相続財産自体は未分割であっても，共同相続人間であらかじめ換価代金の取得割合を決めているときは，換価遺産の相続による取得割合は，換価代金の取得割合と同じ割合とする合意があると解するのが合理的である。

　さらに，換価代金を遺産分割の対象に含める合意があり，換価後に換価代金を分割協議や遺産分割審判で法定相続分と異なる割合で分割することは少なくない。このような場合は，現実に譲渡代金の配分を受けた者が取得した代金に応じ譲渡所得の申告をすべきであるという考え方もないではないが，譲渡所得の課税時期は資産の移転の時期であり，未分割財産を譲渡したのは遺産共有の状態下であるから，理論的には，法定相続分で申告すべきこととなる。ただし，国税庁は，所得税の確定申告期限までに換価代金が分割され，共同相続人の全員が換価代金の取得割合に基づき譲渡所得の申告をした場合には，その申告を認めるとしている。申告期限までに換価代金の分割が行われていない場合には，法定相続分により申告することとなるが，法定相続分により申告した後にその

換価代金が分割されたとしても，法定相続分による譲渡に異動が生じるものではないから，更正の請求等をすることはできないというのが国税庁の取扱い方針である[12]。判例は，上述のとおり，遺産の「共有」の性質について古くから一貫して共有説を採っている（たとえば，大判大9.12.22）[13]。国税庁の取扱い方針は判例に則しているわけである。

---

(12) 国税庁HP　質疑応答事例「未分割遺産を換価したことによる譲渡所得の申告とその後分割が確定したことによる更正の請求，修正申告等」
(13) 『親族法相続法講義案（六訂再訂版）』P267。

(10) 代償分割が行われた場合の相続税の課税価格の計算

　代償分割とは，遺産の分割を行う際に，ある相続人や包括受遺者が相続財産を現物で取得する代わりに，他の共同相続人や包括受遺者に対して債務を負担する分割方法である。相続財産のうちに農地や事業用の資産，自宅など処分が困難な財産があるとき，その不動産を所有し使用する必要がある相続人が当該財産を取得し，他の相続人には自己が所有する現金や不動産など（相続財産ではない財産）を交付する債務を負担する方法である。現物を分割したり売却換価処分したりすることが困難な場合に行われる。

　代償分割を行った場合，税務面で注意する点は2点ある。1つは，相続税の申告における代償債務の評価である。代償分割の目的物（以下，「代償分割物」という。）の評価額は当事者においては時価であるが相続税の申告では財産評価基本通達が定める相続税評価額である。代償分割において，当事者である相続人は，代償分割物を時価評価し，それに対する代償債務を支払うこととするので，代償債務は時価と相応するが，代償分割物の相続税評価額とは相応しない結果となる。

　相続税評価額は時価の80％水準とされているので，時価（実勢価額）より低額となり，時価を基準に算出された代償債務もまた代償分割物の相続税評価額を上回ることとなる。

　国税庁の取扱いは，原則として時価との乖離を調整することなく通常の評価方法，すなわち財産評価基本通達の定める評価方法で代償分割物と代償債務を評価する方法を原則とする（相基通11の2－9）。ただし，当事者である相続人間で申告書に計上する代償債務の金額を「代償分割物の相続税評価額と時価との比率」で案分し減額した額で申告することも認めている（相基通11の2－10）。相続税の負担に関し当事者間の公平を図ったものである。

　詳細は次のとおりである。

【代償分割が行われた場合の課税価格の計算（相基通11の2－9）】

① 代償財産を交付した者については，相続又は遺贈により取得した現物の財産の価額から交付した代償財産の価額を控除した金額

② 代償財産の交付を受けた者については，相続又は遺贈により取得した現物の財産の価額と交付を受けた代償財産の価額の合計額

この場合の代償財産の価額は，代償分割の対象となった財産を現物で取得した者が他の共同相続人などに対して負担した債務の額の相続開始の時における金額になる。

【代償財産の価額（相基通11の2－10）時価案分法】

① 代償分割の対象となった財産が特定され，かつ，代償債務の額がその財産の代償分割の時における通常の取引価額[14]を基として決定されている場合には，その代償債務の額に，代償分割の対象となった財産の相続開始の時における相続税評価額が代償分割の対象となった財産の代償分割の時において通常取引されると認められる価額に占める割合を掛けて求めた価額となる。

$$代償財産の価額 = 代償債務額 \times \frac{代償分割の対象資産（相続財産）の相続税評価額}{代償分割の対象資産（相続財産）の代償分割時の価額}$$

② 共同相続人及び包括受遺者の全員の協議に基づいて，①で説明した方法に準じた方法又は他の合理的と認められる方法により代償財産の額を計算して申告する場合には，その申告した額によることが認められる[15]。

なお，時価案分法によっても，小規模居住用宅地や特定事業用資産の課税価格の計算の特例などにより，実際に負担する相続税に不均衡が生じる場合があ

---

(14) 代償分割の対象となった財産（相続財産）を取得する者が，将来，譲渡するときに負担するであろう譲渡所得に係る税金を考慮し代償対象資産を評価し代償債務を決定することも可能である（「相続税法基本通達逐条解説（平成27年版）」P218）。

(15) 配偶者に対する相続税額の軽減制度を利用して相続税の負担を不当に減少させることを目的として不合理な方法によって代償財産の価額を計算している場合などは原則によることになる（「相続税法基本通達逐条解説（平成27年版）」P219）。

るが，小規模宅地や特定事業用資産の課税価格の計算特例は，評価額の特例ではなく，課税価格の特例であるから，時価案分法においても考慮することはできない（相法69の4①，69の5①）。

いま1つの注意事項は，所得税（譲渡所得）の申告である。代償財産として交付する財産が相続人固有の不動産や有価証券など譲渡所得の基因となる資産である場合には譲渡所得の課税対象となる。代償債務を負う者が，代償債務を支払う代わりに自己固有の資産（土地，有価証券など）を譲渡したと認定されるためである。代償債務を履行した相続人・包括受遺者は，その履行の時における時価によりその資産を譲渡したことになり，所得税が課税される（所基通33-1の5）。一方，代償財産として不動産を取得した相続人は，その履行があった時の時価により，その資産を取得したことになる（所基通33-1の5，38-7）。

⑪ 遺産分割のやり直し

　平成2年9月27日の最高裁第一小法廷判例は，次のように共同相続人全員による合意解除による遺産分割協議のやり直しが法律上可能であることを認めているが，国税庁は，一貫して，無効原因や解除原因の伴わない単純な遺産分割協議のやり直しを原因とする財産の移転については，相続による承継ではなく相続人が取得した遺産の贈与であるとしている（相基通19の2－8）。

　「共同相続人の全員が，既に成立している遺産分割協議の全部又は一部を合意により解除した上，改めて遺産分割協議をすることは，法律上，当然に妨げられるべきものではなく，上告人が主張する遺産分割協議の修正も，右のような共同相続人全員による遺産分割協議の合意解除と再分割協議を指すものと解される」（平2.9.27最判一小）。

　遺産分割の無効に関する判例としては次のものがある。

　「共同相続人の一部を欠く遺産分割協議は，除外された相続人が追認しない限り無効だから，すべての当事者が改めて遺産分割を請求することができる。相続回復請求権（民法844）の消滅時効の援用はできない」（最判昭53・12・20，最判平7・12・5家月48巻7号52）。

　税務署長は，一部の当事者が欠けた無効な遺産分割協議に基づいた申告があった場合，追認の有無を確認し，追認がなされない場合には，更正・決定ができる期間内であれば税額が減少する者については職権で減額更正を行い，税額が発生し，自己のために相続が開始していたことを知っていて法定申告期限を徒過してなお無申告の者に対しては法定申告分による期限後申告を勧奨し，提出がない場合には決定処分を行う。

　無効な遺産分割に代わる有効な遺産分割が共同相続人・包括受遺者全員により行われた結果，取得財産が変動し納付すべき税額が過大となった相続人や包括受遺者は，有効な遺産分割が行われた日の翌日から2カ月以内に更正の請求をすることができる（通法23②）。

　納付税額が減少する者がある一方で，新たに相続税を納付しなければならな

い者や追加で納付しなければならない者が出た場合，①自己のために相続が開始していたことを知っていた相続人や包括受遺者は，修正申告又は期限後申告を行わなければならない。この場合は義務的申告となるので加算税や延滞税が課税される（通法18）。②遺産分割に参加できなかった者が，自己のために相続が開始したことを知らなかった場合には，知った日から10カ月以内に相続税の申告を行う必要がある。

192

⑫　未分割遺産の課税価格と分割後の納税者の選択

相続税法55条《未分割遺産に対する課税》は次のように規定する。

第55条　相続若しくは包括遺贈により取得した財産に係る相続税について申告
　　書を提出する場合又は当該財産に係る相続税について更正若しくは決定をす
　　る場合において，当該相続又は包括遺贈により取得した財産の全部又は一部
　　が共同相続人又は包括受遺者によってまだ分割されていないときは，その分
　　割されていない財産については，各共同相続人又は包括受遺者が民法（第904
　　条の2（寄与分）を除く。）の規定による相続分又は包括遺贈の割合に従って
　　当該財産を取得したものとしてその課税価格を計算するものとする。ただし，
　　その後において当該財産の分割があり，当該共同相続人又は包括受遺者が当
　　該分割により取得した財産に係る課税価格が当該相続分又は包括遺贈の割合
　　に従って計算された課税価格と異なることとなった場合においては，当該分
　　割により取得した財産に係る課税価格を基礎として，納税義務者において申
　　告書を提出し，若しくは第32条の更正の請求をし，又は税務署長において更
　　正若しくは決定をすることを妨げない。

　相続税の課税価格は，各々の納税義務者が相続又は遺贈により取得した財産
の価額を基に，また，債務及び葬式費用は各々の納税者（相続人及び包括受遺
者に限る。）が実際に負担する額を債務控除して申告することとなっているが，
遺言による分割方法の指定がなく，また，法定申告期限までに遺産分割が調わ
ないときは，各納税者は法定相続分によって申告することとされている（相法
55）。

　ここでいう法定相続分とは，財産については民法900条から903条まで（相法
55），負債については民法900条から902条までの規定による相続分又は包括遺
贈の割合によって計算したものである（相基通13−3）。「民法900条から903
条」は特別受益を考慮した相続分及び包括遺贈の割合について規定している
（注）。「民法900条から902条」は特別受益を考慮しない相続分について規定し
ている。特別受益を考慮しない相続分とは，遺言により相続分の指定があれば

第Ⅲ章　相　続　193

これに基づき，指定がなければいわゆる「法定相続分（民法900条）」によると
いう意味である。

（注）寄与分（民法904の2）は考慮しない。被相続人の財産の維持・増加に特別の
　　　寄与をした相続人があるときは，被相続人の財産から共同相続人の協議又は家
　　　庭裁判所の審判で定めた寄与分を控除したものとみなし，民法900条から902条
　　　までの規定によって算出した相続分に寄与分を加えた額が寄与した者の民法の
　　　規定による相続分とされている（民法904の2）。未分割時点では協議又は審判
　　　による寄与分の決定がなされていないので，相続税法55条は，寄与分の規定（民
　　　法904の2）を適用しないで計算したところによる相続分で課税価格を計算する
　　　こととしている。

　未分割で申告した後，分割が行われた場合には納税者は次の行為を行うこと
ができ，納税者から更正の請求が出された場合には税務署長は更正若しくは決
定をすることができる（相法35③）。
　①　納税額が減少する相続人は，分割が確定したことを知った日の翌日から
　　　4月以内に更正の請求をすることができる（相法32）。
　②　更正の請求が行われた場合，税額が増加する納税者は修正申告を行うこ
　　　とができる（相法31③）。
　③　当初は取得財産がなかった者が法定申告期限後に財産を取得することと
　　　なる場合などは，新たに期限後申告を行うことができる（相法30）。
　この相続税の再調整は，納税者の選択によって行われるものである。
　注意すべきは，上述の更正の請求は納税者の選択によって行われるものであ
る点である。法定相続分で計算された申告書と遺産分割後の課税価格及び納税
額に差異があっても，納税者は更正の請求を提出しないこともできるのである
（相法32①）。
　納税者が更正の請求を提出しなければ，税額が増加する他の納税者は修正申
告や期限後申告を行う義務はなく（相法30，31③），税務署長も更正若しくは
決定を行うことはない（相法35③）。
　遺産分割について長期間の争いがあり，最終的に当初申告よりも多くの遺産
を取得することが可能となった納税者においても，係争中に不動産や株式が大

幅に下落し修正申告や期限後申告を行っても納税することができない場合がある。遺産分割に関する係争において，このようなケースでは更正の請求さえ行わなければ修正申告等の義務は発生しないことに留意することが必要である。

なお，相続税法55条ただし書きに規定するこれらの期限後申告，修正申告，更正又は決定は，国税通則法に定める通常の期限後申告等とは異なり，相続人の責めに帰せない原因に基づくものであるとされているので，法定申告期限の翌日から期限後申告を行った日，又は税務署長が更正若しくは決定処分の通知を発した日までの延滞税は課されない（相法51②）。無申告加算税も課税されない（課資2－264平成12年7月3日「相続税，贈与税の過少申告加算税及び無申告加算税の取扱いについて」）。

第Ⅲ章 相 続　195

⑬ 相続財産の一部が未分割となっている場合の相続税の課税価格の計算

　共同相続人や包括受遺者の間で，相続財産の一部が未分割となっている場合の相続税の課税価格の計算について，相続税法55条は，「相続若しくは包括遺贈により取得した財産に係る相続税について申告書を提出する場合又は当該財産に係る相続税について更正若しくは決定をする場合において，当該相続又は包括遺贈により取得した財産の全部又は一部が共同相続人又は包括受遺者によってまだ分割されていないときは，その分割されていない財産については，各共同相続人又は包括受遺者が民法（第904条の2（寄与分）を除く。）の規定による相続分又は包括遺贈の割合に従って当該財産を取得したものとしてその課税価格を計算するものとする。」と規定している。この「民法（第904条の2（寄与分）を除く。）の規定による相続分又は包括遺贈の割合」をどのように解するかによって二通りの考え方がある。

　1つは，単純に「未分割財産の価額×法定相続分」で計算した額を分割済財産の価額に加算する方法（以下，「積上げ方式」という。）である。この方法で計算するとすでに多くの財産を分割協議で取得している相続人は，分割協議済財産に「未分割財産×（法定又は指定）相続分」を加算するので，より多くの遺産を取得した形で申告を行うこととなる。

　これに対し，「遺産の総額×（法定又は指定）相続分−分割取得済財産」で各々の相続人・包括受遺者の未分割財産の割合を計算する方法（以下，「穴埋め方式」という。）が考えられる。相続税法55条にいう相続分の割合とは，「共同相続人が他の相続人にその権利を主張できる持分的な権利の割合をいい，相続財産の一部の分割がされ，残余が未分割である場合には，各共同相続人は，他の相続人に対し，遺産全体に対する自己の相続分に応じた価額相当分から，すでに分割を受けた遺産の価額を控除した価額相当分についてその権利を主張できるものと解される（東京地判昭62.10.26）」から，この方法による計算が合

理的である。

　なお，いずれの計算方法によっても相続税の総額が変わることはないので，共同相続人や包括受遺者が，同人らの間で積上げ方式を採用して計算した相続税の申告書を提出したとしても課税庁から修正を求められることはない。
　課税庁は，東京地裁判決平成17年11月4日が穴埋め方式による解釈が相当であると判断していることから，当初申告において共同相続人や包括受遺者らの間で積上げ方式を採用していない限り，穴埋め方式により処分を行うのが相当である。

【東京地裁判決平成17年11月4日】

　遺産の一部の分割がされ，残余が未分割である場合においては，遺産の一部の分割によって，遺産全体に対する各共同相続人の相続分の割合が変更されたものと解すべき理由はないから，各共同相続人は，未分割財産の分割に際しては，他の相続人に対し，遺産全体に対する自己の相続分に応じた価格相当分から既に分割を受けた遺産の価格を控除した価格相当分について，その権利を主張することができるものと解するのが相当である。そして，相続税法55条1項本文は，遺産の一部の分割がされ，残余が未分割である場合の課税価格の計算が，前記のような実体上の権利関係に従って行われるように規定されたものと解されるから，被告の主張するいわゆる「穴埋め説」による解釈が相当である。

第Ⅲ章 相 続　197

⑭　特別縁故者が財産分与を受けた場合

　被相続人と特別の縁故があった者で，相続人の不存在が確定した際，請求により家庭裁判所から相続財産の分与を受けることができる者を特別縁故者という（民法958の3①）。具体的には，内縁の妻，未認知の子，事実上の養子など被相続人と生計を一にし，あるいは被相続人の療養看護に努めた者などが特別縁故者に該当する。自然人に限らない。被相続人が世話になっていた老人ホームなどでもよい（内田貴『民法Ⅳ』P458）。財産分与の請求は相続人捜索の公告期間（民法958）の満了後3カ月以内にしなければならず（民法958の3②），家庭裁判所は相当と認めればこれらの者に清算後の相続財産の全部又は一部を分与する。

　相続税法は，特別縁故者が財産の分与を受けた審判があった時の時価（相続税評価額）に相当する金額を被相続人から遺贈により取得したものとみなしている（相法4，22）。特別縁故者が被相続人の葬儀費用や被相続人の入院費等の未払費用を支払った場合，別途，相続財産から支払いを受けていなければ分与を受けた財産からこれらの価額を控除した価額が取得した財産の価額として扱われる（相基通4－3）。

　なお，所得税法には分与財産について遺贈を受けたものとみなす規定がないので，譲渡所得の計算上の取得費も当該価額となる（所法60①）。

　基礎控除は法定相続人がいないので3,000万円となる（相基通15－1）。特別縁故者の相続税は，相続税の2割に相当する金額が加算され，被相続人の死亡前3年以内に被相続人から受けた贈与があれば，受贈時の価額で相続税の課税価格に加算される（相法18，相基通4－4）。

　相続人の不存在が確定するのに数年を要し，家庭裁判所から財産の分与を受けるのが相続開始後数年を経て，その間に相続税法が改正されていた場合でも，相続税を算出するにあたっては，被相続人が亡くなった時の相続税法の規定が適用される（相法27）。

　特別縁故者は，遺産の分与を受けることができることを知った日の翌日から

10カ月以内に相続税の申告書を被相続人の死亡の時における住所地を管轄する税務署長に提出しなければならない（相法29，附則 3 ）。

第Ⅲ章　相　続　199

⑮　老人ホーム入居一時金に係る贈与税及び相続税

1　入居一時金に係る贈与税

　老人ホームへの入居に関し，入居一時金を支払うときに，夫婦別産制をとる民法の建前上，夫が妻の妻が夫の入居一時金を負担した場合，贈与税の課税対象となる場合がある。

　入居一時金の支払い債務を負うのは，原則として老人ホームの役務提供を受ける入居者である。妻が入居し夫が入居一時金を支払った場合，入居契約上入居者が債務者となるなら，夫から妻へ当該一時金に相当する贈与（金銭の贈与，又は相続税法9条に規定する経済的利益の贈与をいう。以下同じ。）があったことになる。

　この場合，当該贈与財産が「扶養義務者相互間において生活費に充てるためにした贈与により取得した財産のうち通常必要と認められるもの」に該当するか否かが問題となる（相法21の3①二）。

　裁決例には，非課税財産と認定したもの（H22.11.19裁決事例集No.81；一時金945万円）と，否定したもの（H23.6.10裁決事例集No.83；一時金1億3,370万円）がある。いずれも，入居後数か月以内に一時金負担者の相続が開始し，相続税の申告が行われた事例である。

　裁決事例は，入居の目的（要介護状態となっているか否か），入居一時金の金額（数百万円なのか，数千万円なのか），施設の設備状況（質素か豪華か）などを総合的に勘案して，生活費に充てるために行った贈与財産のうち通常必要と認められるものに該当するかを判断している。なお，通常必要とされる生活費に該当するか否かは，必要な都度，必要な額を負担した場合であるとするのが従来からの国税庁の解釈である（相基通21の3－5）。

　入居時点で贈与と認定されないようにするには，老人ホームとの入居契約において，入居一時金の支払義務者を資金提供する配偶者（多くの場合夫）にすることが重要である。月々の生活費や入居費，入居一時金の償却費など入居者が受ける生活利益に対する費用負担は，扶養義務相互間における生活費に充て

るため通常必要と認められる非課税財産に該当するであろうが，前払の性格を有する一時金は，未償却部分が解約により返還されるので，返還金請求権を資金提供者が有している契約形態ならば当該部分に関する贈与の問題は生じないと解するからである。

老人ホームの都合で，資力のない入居者が契約当事者とならなければならない場合には，資金負担者と入居者の連帯債務として一時金を納付することとし，連帯債務者である資金負担者と入居者の間で，入居者の内部負担割合をゼロとする契約を締結しておけば（月々の償却費以外には）贈与の問題は生じないと解する。

2　入居一時金に係る相続税

老人ホームの入居者が死亡した場合，入居契約が自動解除されたり，相続人により解約され入居一時金の一部が返還されたりすることがある。一時金の返還請求権は金銭に見積もることができる経済的価値のある権利であるから返還請求権が被相続人に帰属していれば本来の相続財産に該当する。

夫婦2名で入居し，入居金の負担者である夫に相続が開始した場合，契約の一部解除による一時金の返還請求権は相続財産となる。

妻が入居している部分についての一時金を夫が負担しているが，入居契約上未償却部分の返還請求権が妻にあるという契約ならば，未償却部分は相続財産とはならない。この場合，入居一時金の支払時点で，当該金額相当分の贈与が行われたと認定される可能性が高く，当該支払が扶養義務の履行であるならば贈与税の非課税財産となるが，そうでなければ，贈与税の除斥期間の問題となる。一時金の負担時点（入居時点）に非課税財産になるか否かの基準は，平成22年11月19日の裁決の認定基準である「入居金に相当する金額が介護を必要とする配偶者の生活費に充てる為に通常必要と認められるか」が参考となる。

3　問題の構造

⑴　月額100万円の豪華な賃貸マンションに居住している妻に対し，家賃相当額の贈与が行われたとして，贈与税が課税されることはない。賃借人で

ある夫が負担した保証金は相続財産となる。

(2) これに対し，健康に問題がない状態で老人ホームに入居すると入居一時金の贈与の問題が生じるのはなぜか。

(3) 実務的には，入居一時金の返還請求権が相続財産を構成するか否かが重要な問題となる。

(4) 仮に，入居一時金の負担者が夫であれば，契約者が妻であっても，返還される未償却部分の一時金は相続財産となると取り扱うことができれば，相続税の課税漏れは生じない。

(5) ところが，契約者が妻であり，資金負担者が夫であるならば，入居時点で贈与が行われたと解さざるを得ず，相続税の調査において，当該負担金が贈与税の非課税財産になるかが争われるのである。

⑯ 特定の一般社団法人等に対する相続税の課税

　一般社団法人及び一般財団法人（以下「一般社団法人等」という。）には持ち分の定めがないことから，一般社団法人等に対し財産を拠出してもその財産拠出者がその一般社団法人に対して持分を有することはない。そのため，理事や社員を同族関係者で占めること等により法人を私的に支配し，個人が実質的にその法人の財産を保有していると認められるような場合であっても，個人間の財産移転を前提とする相続税においては，半永久的に課税対象とならない。

　上述した一般社団法人等の特性を利用した租税回避スキームを防止するため，平成30年4月1日以後，一般社団法人等の理事（当該法人の理事でなくなった日から5年を経過していない者を含む。）が死亡した場合には，当該一般社団法人等が特定一般社団法人等（注1）に該当するとき，当該特定一般社団法人等を個人，次の算式で計算した金額を遺贈により取得したものとみなして相続税を課することとされた。（相法66の2①，②三）

算式

> 被相続人の相続開始の時における
>
> $$\frac{\text{当該特定一般社団法人等の純資産額等の純資産額}}{\text{同族理事（注2）の数に1を加えた数（注3）}}$$

（注1）特定一般社団法人等とは，一般社団法人等で次に掲げる要件のいずれかを満たすものをいう。
　　1　被相続人の相続開始の直前におけるその被相続人に係る同族理事の数が理事の総数に占める割合が2分の1を超えること
　　2　被相続人の相続の開始前5年以内においてその被相続人に係る同族理事の数が理事の総数に占める割合が2分の1を超える期間の合計が3年以上であること
（注2）同族理事とは，一般社団法人等のうち，被相続人又はその配偶者，三親等内の親族その他の当該被相続人と相続税法施行令第34条第3項に規定する特殊の

関係のある者をいう（相法66の2②二，相令34③）。

（注3）相続開始時点，被相続人は理事でなくなることになる。そのため被相続人を数に含める必要があることから1を加えることになる。

適用時期

1　平成30年4月1日から適用（改正法附則1）

2　一般社団法人等が平成30年4月1日以前に設立されたものである場合には，令和3年4月1日以後の当該一般社団法人等の理事である者（当該一般社団法人等の理事でなくなった日から5年を経過していない者を含む。）の死亡に係る相続税について適用する（改正法附則43⑥）。なお，この場合には，平成30年4月1日前の期間は，前記（注1）2の2分の1を超える期間に該当しない（改正法附則43⑦）

第 **Ⅳ** 章
譲渡所得と相続贈与

(1) 所得税法59条と租税特別措置法40条

1 相続，遺贈，贈与，低額譲渡に係る基礎理論と譲渡所得課税の歴史

　譲渡所得に対する課税は，資産の値上がりにより，資産の所有者に帰属する増加益（capital　gains）を所得として，資産が所有者の支配を離れて他に移転するのを機会にこれを清算して課税するものとされている（最判第一小法廷昭43.10.31判決[1]）。このことから，理論上は，相続や贈与があった場合でも

─────────

(1) 昭和43年10月31日　最高裁判所第一小法廷判決（昭和41（行ツ）8　所得税賦課決定等取消請求）は，次のように説示している。「譲渡所得に対する課税は，原判決引用の第一審判決の説示するように，資産の値上りによりその資産の所有者に帰属する増加益を所得として，その資産が所有者の支配を離れて他に移転するのを機会に，これを清算して課税する趣旨のものと解すべきであり，売買交換等によりその資産の移転が対価の受入を伴うときは，右増加益は対価のうちに具体化されるので，これを課税の対象としてとらえたのが旧所得税法（昭和二二年法律第二七号，以下同じ。）九条一項八号の規定である。そして対価を伴わない資産の移転においても，その資産につきすでに生じている増加益は，その移転当時の右資産の時価に照らして具体的に把握できるものであるから，同じくこの移転の時期において右増加益を課税の対象とするのを相当と認め，資産の贈与，遺贈のあった場合においても，右資産の増加益は実現されたものとみて，これを前記譲渡所得と同様に取り扱うべきものとしたのが同法五条の二の規定なのである。されば，右規定は決して所得のないところに課税所得の存在を擬制したものではなく，またいわゆる応能負担の原則を無視したものともいいがたい。のみならず，このような課税は，所得資産を時価で売却してその代金を贈与した場合などとの釣合いからするも，また無償や低額の対価による譲渡にかこつけて資産の譲渡所得税を回避しようとする傾向を防止するうえからするも，課税の公平負担を期するため妥当なものというべきであり，このような増加益課税については，納税の資力を生じない場合に納税を強制するものとする非難もまたあたらない。」

「資産が所有者の支配を離れて他に移転する」ことに該当することから，支配権の移転を契機に値上がり益に対して譲渡所得を課税する法体系をとることもできる。現にシャウプ税制においては相続，遺贈又は贈与並びに低額譲渡により資産の移転があった場合においては，相続，遺贈又は贈与並びに低額譲渡の時において，その時の価額により，資産の譲渡があったものとみなすとしていた（昭和25年法律第71号所得税法5条の2）。この規定は，生前中によると死亡によるとを問わず，資産が無償等で他に移転する場合には，その時までにその資産について生じていた利得又は損失は，その年の所得税の申告書に計上しなければならないとするシャウプ勧告の考え方に基づくものであった。

しかしながら，相続や贈与の場合に，被相続人や贈与者に譲渡所得を課税し，相続人や受贈者に相続税や贈与税を課税するのは国民感情から乖離する課税形態であるとの理由で昭和27年，昭和37年，昭和48年の改正を経て，現行法は，相続や贈与があった場合，所得税法59条1項に規定する次の(1)(2)の場合を除き，譲渡所得の課税対象とすることなく取得価額の引継ぎによる課税の繰延べが行われている（所法33，59①一，二）。

(1) 法人に対する贈与，遺贈，著しく低い対価（時価の2分の1未満：所令169）での譲渡

(2) 相続のうち限定承認にかかるものや，個人に対する包括遺贈のうち限定承認にかかるもの

2 所得税法33条と59条の関係

ここで注意しなければならないことは，上述1の(1)は，所得税法33条に規定する「譲渡」であるが，(2)は同条に規定する譲渡ではないということである。

『所得税法逐条解説』（大蔵財務協会）によれば，課税実務は，現行所得税法33条の規定する「資産の譲渡」という条文の「譲渡」を次のように解しているようである。

「現行，所得税法33条に規定する「譲渡」とは，通常，法律行為による所有権の移転と解されているので，相続のように一定の事実（相続）に基づいてその効果（権利，義務の包括的承継）が生ずる場合は「譲渡」に含まれないが，

第Ⅳ章　譲渡所得と相続贈与　　207

贈与，遺贈による資産の移転は同条に規定する「譲渡」に該当する。[2]」

　すなわち，「譲渡」とは有償無償を問わず法律行為による所有権の移転をいう。法律行為である贈与，遺贈は譲渡所得の課税対象となる譲渡に該当するが，相続は譲渡に含まれない。このように解しても，無償の譲渡である贈与，遺贈を課税対象とするためには，時価で譲渡したものとみなす所得税法59条1項の適用要件を具備する必要がある。

　所得税法59条を注意深く読むと，同条は，「譲渡所得の基因となる資産の『移転』があった場合」と規定し，資産の「譲渡」とは規定していない。この意味するところは，同法1項1号は限定承認に係る「相続」という事由により資産の「移転」があった場合に，これを「譲渡」とみなしている点にある。本来，所得税法33条の規定する資産の「譲渡」に該当しない「相続」を原因とする資産の移転を譲渡とみなしているわけである。加えて，同項1号は法人に対する贈与及び遺贈並びに個人に対する包括遺贈のうち限定承認に係るものを原因として資産の譲渡（この場合は，本来の譲渡である。）について「時価」で譲渡があったものとみなしている。さらに同項2号は法人に対する著しく低い価額（時価の2分の1未満）による譲渡については，「時価」で譲渡したものとみなしている。このように所得税法59条は，本来譲渡所得の課税規定では譲渡に該当しない相続を原因とする資産の移転を譲渡とみなすとともに，無償の譲渡である贈与，遺贈や低額譲渡について，一定の場合においては，時価で譲渡したものとみなす規定である。

3　所得税法59条と租税特別措置法40条

　法人に対する寄附（贈与・遺贈）が行われた場合に適用される上述のみなし譲渡の規定は，譲受者が国又は地方公共団体である場合は，一般の法人と同じように適用することは適当でなく，また，相手が公益を目的とする事業を営む法人である場合にも，公益事業の保護育成という政策的観点から適用するのは適当ではない場合もあると考えられる。そこで，租税特別措置法40条により，

――――――――――――――――――
　(2)　『所得税基本通達逐条解説（平成29年版）』P716。

国又は地方公共団体に対して財産の贈与又は遺贈があった場合には，その財産の贈与又は遺贈がなかったものとみなし，譲渡益に相当する部分については所得税が課税されないこととされ（租法40①前段：所得税法59条１項１号の特例規定），公益社団法人，公益財団法人，特定一般法人（注１）(3)その他公益を目的とする事業を行う法人（注２）に対する贈与・遺贈についても，一定の要件を満たすものとして国税庁長官の承認を受けたものについては，国等に対する財産の贈与又は遺贈と同様に，その財産の贈与又は遺贈はなかったものとみなされ，譲渡益に相当する部分については所得税が課税されないこととされている（措法40①後段）。

（注１）特定一般法人とは，法人税法別表二に掲げる一般社団法人及び一般財団法人で法人税法２条９号の２イ及び法人税法施行令３条１項に掲げる次のすべての要件を満たす法人をいう。

① 剰余金の分配を行わない旨が定款に定められていること。

② 解散時の残余財産が，国若しくは地方公共団体，公益社団法人若しくは公益財団法人，又は公益社団法人及び公益財団法人の認定等に関する法律（平成18年６月２日法律第49号）５条17号イからトまでに掲げる法人に帰属する旨が定款に定められていること。

③ 各理事について，その理事及びその理事の配偶者又は三親等以内の親族等である理事の数の合計数が理事総数の３分の１以下であること。

④ ①や②に掲げる定款の定めに反した行為を行うことを決定し，又は行ったことがないこと。

（注２）学校法人，社会福祉法人，更生保護法人，宗教法人，博物館や図書館を運営する法人，学生に奨学金を支給したり，寄宿舎を提供する法人，科学技術等の研究施設を営んだり，研究者に助成金を支給したりする法人，専修学校などを営む法人等公益を目的とする事業を行う法人（外国法人を除く）。

---

(3)「現行条文において，「特定一般法人」を「公益を目的とする事業を行う法人」の例示としているのは，その社会実態に照らしても誤りである」という批評がある（民間法制・税制調査会 税制部会 平成21年10月15日「公益法人税制について，早急に改善すべき事項の提言」）。

第Ⅳ章　譲渡所得と相続贈与　　209

② 租税特別措置法40条の要件

1　租税特別措置法40条後段の承認の対象となる資産

　個人が，土地，建物などの資産を法人に寄附（贈与・遺贈）した場合には，これらの資産は寄附時の時価で譲渡があったものとみなされ，これらの資産の取得時から寄附時までの値上がり益に対して所得税が課税される（所法59①一）。

　ただし，これらの資産を公益法人等に寄附した場合において，その寄附が教育又は科学の振興，文化の向上，社会福祉への貢献その他公益の増進に著しく寄与することなど一定の要件を満たすものとして国税庁長官の承認を受けたときは，この所得税について非課税とする制度が設けられている（措法40）。

　国税庁長官の承認申請の対象となる譲渡資産は次のとおりである。

⑴　山林（事業所得の基因となるものを除く）

　　山林とは販売を目的として伐採適齢期まで相当長期間にわたり管理育成を要する立木の集団をいう。販売を目的として育成している立木や苗木は，事業所得のたな卸し資産となり山林に該当しない。

⑵　譲渡所得の基因となる資産

　　譲渡所得の基因となる資産は，たな卸し資産，たな卸し資産に準ずる資産，山林及び金銭債権以外の一切の資産をいう。金銭債権は譲渡所得の基因となる資産ではないのでみなし譲渡の対象となる資産には該当しない。金銭債権の譲渡により生じた利益は，元本価値の増加というよりは金利に相当するものであると考えられているからである。借地権の設定は含まず，借地権の無償返還は所得税59条の対象となる場合がある（注）。国外にある土地，借地権等，建物，附属設備，構築物を除く（措法40①，措令25の17②）。

(注)　所得税基本通達59－5《借地権等の設定及び借地の無償返還》。所得税法59条
　　　1項に規定する「譲渡所得の基因となる資産の移転」には，借地権等の設定は
　　　含まれないのであるが，借地の返還は，その返還が次に掲げるような理由に基
　　　づくものである場合を除き，これに含まれる（昭56直資3－2，直所3－3追

加)。

① 借地権等の設定に係る契約書において，将来借地を無償で返還すること
が定められていること。

② 当該土地の使用の目的が，単に物品置場，駐車場等として土地を更地の
まま使用し又は仮営業所，仮店舗等の簡易な建物の敷地として使用してい
たものであること。

③ 借地上の建物が著しく老朽化したことその他これに類する事由により，
借地権が消滅し，又はこれを存続させることが困難であると認められる事
情が生じたこと。

平成28年1月以降，有価証券を法人に贈与又は遺贈した場合には，原則とし
て承認申請の対象となる。

2 租税特別措置法40条の適用を受けるための承認要件

国税庁長官の承認を受けるための一定の要件（承認要件）は，次のとおりで
ある（法人税法別表第一に掲げる独立行政法人，国立大学法人，大学共同利用
機関法人，地方独立行政法人（介護老人保健施設，公立大学など一定のもの）
などに対する寄附である場合には，【承認要件2】を具備すれば足りる）。（措
令25の17⑤）。また，贈与，遺贈については別途異なる要件が定められている
（措令25の17⑦，措規18の19④）。

【承認要件1】

> 贈与又は遺贈が，教育又は科学の振興，文化の向上，社会福祉への貢献，
> その他公益の増進に著しく寄与すること（措令25の17⑤一）

この要件は，公益を目的とする法人に対する贈与又は遺贈で，公益の増進に
著しく寄与する贈与又は遺贈であるかどうかにより判定するが，公益法人等の
事業活動等が次の①から④までのすべてに該当するときは，この要件を満たす
ものとして取り扱われる（租税特別措置法第40条第1項後段の規定による譲渡
所得等の非課税の取扱いについて：例規通達：昭和55年4月23日直資2－181

（以下，「40条通達」という。））。なお，贈与，遺贈が法令の規定に違反したものであるときは，この要件を満たさないこととされている（40条通達11）。

① 公益目的事業の規模

受贈法人が営む公益事業の規模が事業の内容に応じ，その事業を営む地域又は分野において社会的存在として認識される程度の規模を有すること。なお，たとえば，学校教育法や社会福祉法に規定する一定の事業，宗教の普及や信者の教化育成に寄与する事業，30人以上の学生等に対して学資の支給若しくは貸与を行う事業又は科学技術その他の学術に関する研究者に助成金を支給する事業などが受贈法人の主たる目的として行われる場合には，その公益目的事業は社会的存在として認識される程度の規模を有するものとして取り扱われる（40条通達12⑴）。

② 公益の分配

受贈法人の事業の遂行により与えられる公益の分配は，特定の者に限られることなく，適正に行われていること（40条通達12⑵）。

③ 事業の営利性

贈与又は遺贈を受ける法人の公益目的事業について，公益の対価がその事業の遂行に直接必要な経費と比べて過大でないこと，その他当該事業の経営が営利企業的に行われている事実がないこと（40条通達12⑶）。

幼稚園又は専修学校若しくは各種学校の設置運営を目的とする学校法人等については，40条通達12⑶において一定の判断基準が設けられている。

④ 法令の遵守等

受贈法人の事業の運営につき，法令に違反する事実その他公益に反する事実がないこと（40条通達12⑷）。

212

【承認要件2】

> 贈与又は遺贈に係る財産（代替資産を含む。）が贈与又は遺贈があった日
> から2年を経過する日までの期間内（贈与又は遺贈を受けた土地の上に
> 建設する当該贈与又は遺贈に係る公益を目的とする事業の用に供する建
> 物の建設に要する期間が通常2年を超えることその他やむを得ない事情
> があるため，当該期間内に財産の贈与又は遺贈を受けた法人の事業の用
> に供することが困難である場合には，国税庁長官が認める日までの期間）
> に，財産を受けた法人の贈与又は遺贈に係る公益を目的とする事業の用
> に直接供され又は供される見込みであること（措法40①，措令25の17⑤
> 二）

　公益法人に贈与・遺贈された財産は，その贈与を受けた公益法人が直接，公
益を目的とする事業の用に供さない場合には非課税とされない。ただし，次に
挙げるやむを得ないと認められる理由がある場合に限り，その贈与に係る財産
の譲渡を認めることとされている（措令25の17③）。

① 贈与・遺贈された財産を収用や換地処分などにより譲渡する場合

② 贈与・遺贈された財産で公益目的事業の用に直接供する施設につき，災
害，震災，風水害，火災等があった場合において，その復旧を図るために
その財産を譲渡する場合

③ 贈与又は遺贈により取得した財産を直接公益目的事業に供している施設
における公益目的事業の遂行が公害や周辺において行われるキャバレー，
ナイトクラブなどの営業により著しく困難となった場合，または，施設の
規模を拡張する場合において，施設の移転をするために施設を譲渡する場
合

④ 贈与・遺贈された財産を株式交換完全親法人の株式（出資を含む。）若
しくは親会社（株式交換完全親法人との間に同法人の発行済株式の全部を
保有する一定の関係のある法人。）の株式（出資を含む。）と株式交換する
ため譲渡した場合又は株式移転完全親法人の株式と株式移転するため譲渡
する場合

⑤　国又は地方公共団体に贈与する目的で資産の取得，制作，建築をする場合において，その費用に充てるため贈与又は遺贈を受けた財産を譲渡する場合

⑥　贈与・遺贈された財産が，後述する承認特例に定められた一定の公益法人の基本金に組み入れる方法により管理されており，それを譲渡する場合

⑦　その他前記①～⑥に準ずるやむを得ない理由として国税庁長官が認める理由により贈与・遺贈を受けた財産を譲渡する場合

　さらに，公益法人が贈与に係る財産をやむを得ない理由で譲渡した場合であっても，その譲渡による収入金額の全部に相当する金額をもって代替資産（減価償却資産，土地及び土地の上に存する権利及び株式で国税庁長官が認めたもの（株式にあっては，上記④に掲げる場合に準ずるやむを得ない理由として国税庁長官が認める理由による譲渡により取得したもの）に限る。）を取得しなければ，この特例の適用が受けられないこととされている（措法40②，措令25の17③，措規18の19③）。

　なお，株式，著作権などのように，財産の性質上その財産を直接公益事業に供されないものは，毎年の配当金，印税収入などその財産から生ずる果実の全部が当該公益事業の用に供されるかどうかにより，その財産が当該公益事業の用に供されるかどうかを判定して差し支えないものとされている。この場合において，各年の配当金，印税収入などの果実の全部が当該公益事業の用に供されるかどうかは，たとえば，学徒援護法人によって学資として支給され，研究助成を行う法人によって助成金として支給されるなど，果実の全部が直接，かつ，継続して，公益事業の用に供されるかどうかにより判定される（40条通達13）。

　また，イ）建物を賃貸の用に供し，当該賃貸に係る収入を公益事業の用に供する場合や，ロ）配当金などの果実が毎年定期的に生じない株式等は，寄贈された財産が公益事業に使われているとはいえないとされていることに注意が必要である。

214

【承認要件３】

> 公益法人に財産を贈与又は遺贈することにより，贈与者・遺贈者の所得税
> の負担を不当に減少させ又は贈与者・遺贈者又はその親族等の相続税や贈
> 与税の負担を不当に減少させる結果とならないこと（措令25の17⑤三）

　次の要件（①～⑤）を満たすときには，贈与者・遺贈者の所得税の負担を不
当に減少させ又は贈与者・遺贈者又はその親族等の相続税や贈与税の負担を不
当に減少させる結果とならないと認められる（措令25の17⑥）。また，受贈法
人の理事，監事，評議員その他これらの者に準ずる者や職員の中に，贈与・遺
贈した者又はこれらの者と親族その他特殊関係がある者が含まれておらず，か
つ，これらの者が受贈法人の財産の運用及び事業の運営について私的に支配し
ている事実がなく，将来においても私的に支配する可能性がないと認められる
場合には，次の②から⑤までの要件に該当していれば，所得税又は相続税の負
担を不当に減少させる結果とならないと認められるとして取り扱われる（40条
通達17ただし書き）。

① 　組織運営が適正であり，役員等のうち親族等の数が３分の１以下と定め
　られていること（措令25の17⑥一）。

② 　贈与者・遺贈者，受贈法人の役員等若しくは社員又はそれらの者の親族
　等に対し，施設の利用，金銭の貸付け，資産の譲渡，給与の支給，役員等
　の選任その他財産の運用及び事業の運営に関して特別の利益を与えないこ
　と（措令25の17⑥二）。

③ 　寄附行為，定款又は規則において，受贈法人解散後の残余財産は，国，
　地方公共団体又は他の公益法人に帰属する旨の定めがあること（措令25の
　17⑥三）。

④ 　受贈法人につき公益に反する事実がないこと（措令25の17⑥四）。

⑤ 　公益法人が贈与等により株式の取得をした場合には，その取得によりそ
　の公益法人等の有することとなる株式の発行法人の株式がその発行済株式
　の総数の２分の１を超えないこと（措令25の17⑥五）。

第Ⅳ章　譲渡所得と相続贈与　　215

【承認特例】

　前述した承認手続き（以下「一般特例」という。）のほか，個人が，一般特例の対象となる財産を同特例の対象となる公益法人等のうち一定のもの（以下「承認特例対象法人」という。）に寄附（贈与・遺贈，以下「贈与等」という。）した場合には，後述承認特例要件１から３の要件を満たすものとして国税庁長官の承認を受けたとき，この贈与等に対する所得税を非課税とする手続き（措令25の17⑦⑧）がある（以下，この手続きを「承認特例」という。）。

　この承認特例は，申請書提出日から１か月（国立大学法人等（法人税法別表第一に掲げる法人に限る。）以外の承認特例対象法人に対する贈与等で，寄附財産が一定の株式等である場合には，３か月以内）にその申請について国税庁長官の承認がなかったとき，又は承認しないことの決定がなかったときは，その申請について非課税承認があったものとみなされる。平成15年の税制改正で創設された私立大学等を設置する学校法人に対する財産の贈与又は遺贈に係る国税庁長官の承認手続等の特例を，平成29年度及び30年の税制改正で，私立学校法人特例と同様に贈与等を受けた資産が公益目的事業の用に供されることが明らかであると認められる公益法人等に対する贈与等と拡充したものである。

１　承認特例対象法人

　①国立大学法人等（国立大学法人，大学共同利用機関法人，公立大学法人，独立行政法人国立高等専門学校機構及び国立研究開発法人をいう。），②公益社団法人，公益財団法人，③学校法人（私立学校振興助成法14条１項に規定する学校法人で学校法人会計基準に従い会計処理を行うものに限る。），④社会福祉法人が，承認特例対象法人となる。

２　承認特例要件

　贈与等が承認特例対象法人に対するものである場合の国税庁長官の承認要件は，次の承認特例要件１から３までに掲げる全ての要件（国立大学法人等（法人税法別表第一に掲げるものに限る。）に対する贈与等である場合には，次の承認特例要件２及び３に掲げる要件となる。）を満たす必要がある。（措令25の17⑦）

承認特例要件1

　　贈与等をした者が贈与等を受けた法人の役員等及び社員並びにこれらの者の親族等に該当しないこと。

承認特例要件2

　　贈与等を受けた財産について，贈与等を受けた法人の区分（前述1承認特例対象法人①から④）に応じ，一定の基金若しくは基本金に組み入れる方法により管理されていること又は不可欠特定財産に係る必要な事項が定款で定められていること。

承認特例要件3

　　贈与等を受けた法人の理事会等において，贈与等の申出を受け入れること及び贈与等財産について基金若しくは基本金に組み入れる方法により管理すること又は不可欠特定財産とすることが決定されていること

　この結果，承認特例対象法人に贈与又は遺贈したケースならば，受贈者になる承認特例対象法人は，受贈財産を，一旦，基金に組み入れた後に譲渡し，譲渡代金を基金に組み入れることにより租税特別措置法40条の要件を満たすこととなる。

3　承認特例手続

　承認特例の適用を受けようとする者は，次の承認申請書および添付書類を，贈与等の日から4か月以内（その期間を経過する前にその贈与等の日の属する年分の所得税の確定申告書の提出期限が到来する場合は，その提出期限まで）に提出する必要がある。

　なお，寄附を受けた法人が特定国立大学法人等の場合は，⑦の書類を提出する必要はない。

①　承認申請書第1表（「単独提出者・共同提出の代表者用」）

②　承認申請書第2表

③　承認申請書第3表（承認特例用）（承認申請書第3表－付2を含む。）

④　承認申請書第5表

⑤　承認申請書第6表

⑥　承認申請書及び添付書類の記載事項が事実に相違ない旨の確認書

第Ⅳ章　譲渡所得と相続贈与　　217

⑦　贈与又は遺贈をした者が法人の役員等及び社員並びにこれらの者の親族等に該当しない旨の誓約書，贈与又は遺贈をした者が法人の役員等及び社員並びにこれらの者の親族等に該当しないことを確認した旨の証明書

⑧　寄附を受けた承認特例対象法人から交付を受けた次のAからCまでの書類（Cの書類については，寄附を受けた承認特例対象法人が国立大学法人等である場合又は寄附を受けた承認特例対象法人が公益社団法人若しくは公益財団法人に該当し，かつ，寄附財産を基金に組み入れる方法により管理する場合に限り提出する必要がある。）

A　寄附を受けた承認特例対象法人の理事会等において，承認特例要件3の決定をした旨及びその決定をした事項の記載のある議事録その他これに相当する書類の写し

B　Aの決定に係る財産の種類，所在地，数量，価額などの事項を記載した書類

C　基金に組み入れる方法により管理されることを証する所轄庁の証明書の写し

⑨　上記承認申請書各表における必要な書類

4　承認後の書類の提出

　承認特例の申請をして，非課税承認を受けた者は，贈与等を受けた法人の区分に応じ，その法人の贈与等をした日の属する事業年度において，その贈与等をした財産が，基金若しくは基本金に組み入れる方法により管理されたこと又は不可欠特定財産であることが確認できる書類の写し（措規18の19⑧一から四）を，その事業年度終了の日から3か月以内に，納税地の所轄税務署長を経由して，国税庁長官に提出しなければならない（措令25の17⑨）。この提出がない場合には，措法40条2項に基づき承認が取り消されることがある。

図表Ⅳ 個人から法人に対し贈与・遺贈が行われた場合

	法人
原則：みなし譲渡所得課税（所法59①） ◆時価で譲渡したものとみなす	①国又は地方公共団体 ②次の要件につき国税庁長官の承認を受けたもの ・公益社団法人・公益財団法人その他の公益を目的とする事業を行う法人に対する贈与・遺贈 ・法人が贈与を受けた財産を贈与を受けた日から2年を経過する日までの期間内に公益目的事業の用に直接供すること
例外：右表の法人に贈与した財産が2年以内に公益目的事業の用に供された場合は、みなし譲渡所得課税は適用しない（措法40）	

次の承認取消事由に該当する場合は、贈与又は遺贈した<u>個人</u>に譲渡所得を課税する（措法40②，措令25の17⑩⑫）
①2年を経過する日内に公益法人等に贈与又は遺贈された財産又は代替財産が公益目的事業の用に直接供されなかったとき
②公益目的事業の用に直接供される前に【承認要件3】の不当減少要件に該当することとなったとき
③承認特例の非課税承認を受けた者が贈与等財産について、贈与等を受けた法人の基本金等への組入れがあったことを確認できる書類を事業年度終了の日から3カ月以内に提出しなかったこと

次の承認取消事由に該当する場合は、贈与又は遺贈した<u>法人を個人とみなして</u>譲渡所得を課税する（措法40②，措令25の17⑬，措規18の19⑩）
①贈与又は遺贈を受けた財産を公益目的事業の用に直接供しなくなったこと
②公益目的事業の用に直接供された後に【承認要件3】の不当減少要件に該当することとなったとき
③承認特例の申請書の提出時において、贈与・遺贈をした者が公益法人等の役員及び親族等に該当しないことという要件に該当していなかったこと及び提出時において要件に該当しないこととなることが明らかであると認められ、かつ、提出後に要件に該当しないこととなったこと

■参考文献

武田昌輔監修『DHCコンメンタール相続税法』・『同法人税法１・『同所得税法』 第一法規

日本司法書士会連合会編『遺言執行者の実務』民事法研究会

遺産分割研究会編・中川昌泰監修『遺産分割と相続発生後の対策』大蔵財務協会

仲隆・浦岡由美子・黒野徳弥共編『遺産分割事件処理マニュアル』新日本法規

埼玉弁護士会編『遺留分の法律と実務』ぎょうせい

東京弁護士会弁護士研修センター運営委員会編『家族法』商事法務

水野紀子・大村敦志窪田充見編『家族法判例百選 第７版（別冊ジュリスト193号）』有斐閣

昭和54年～平成30年版『改正税法のすべて』大蔵財務協会

東京弁護士会法友全期会相続実務研究会『改訂遺産分割実務マニュアル』ぎょうせい

内田貴『契約法の再生』弘文堂

北村厚編『財産評価基本通達逐条解説（平成30年版）』大蔵財務協会

大阪弁護士会遺言・相続センター『事例にみる遺言の効力』新日本法規

岡部喜代子・三谷忠之『実務家族法講義』民事法研究会

三又修・樫田明 一色広己・石川雅美 共編『所得税基本通達逐条解説（平成29年版）』大蔵財務協会

新井誠『信託法』有斐閣

樋口範雄『入門 信託と信託法』弘文堂

於保不二雄・中川淳編『新版注釈民法（25）相続(5)』有斐閣

中川善之助・加藤永一編『新版注釈民法（28）相続(3)補訂版』有斐閣

裁判所総合研修所監修『親族法相続法講義案（六訂再訂版）』司法協会

村上幸宏編『税務相談事例集（平成25年版）』大蔵財務協会

野原誠編『相続税・贈与税関係 租税特別措置法通達逐条解説（平成30年２月改訂版）』大蔵財務協会

水野忠恒他共編「租税判例百選 第４版（別冊ジュリスト178号）』有斐閣

野田愛子・松原正明編『相続の法律相談』有斐閣

野原誠編『相続税法基本通達逐条解説（平成27年版）』大蔵財務協会

寺本昌広『逐条解説新しい信託法』商事法務

藤谷武史『公益信託と税制』（第37回信託法学会総会（2012年６月10日）報告書）

坂梨喬『特別受益・寄与分の理論と運用』新日本法規

野田愛子・若林昌子・梶村太市・松原正明編『判例タイムズ1100 家事関係裁判例と実務245題』判例タイムズ社

税理士法人トーマツ『非上場株式の評価と相続税対策』清文社

東京弁護士会編著『法律家のための税法（第５版）』第一法規

内田貴著『民法Ⅰ（第４版）』，『民法Ⅱ（第２版）』，『民法Ⅳ（補訂版）』東京大学出版会

能見善久・加藤新太郎 編集『論点体系 判例民法10 相続』第一法規

上西左大信 税理士が知っておきたい 民法〈相続編〉改正Ｑ＆Ａ

索　引

あ行

遺言と異なる遺産分割	139
遺言無効確認の訴え	86
遺産課税方式	5
遺産取得課税方式	5
遺産分割のやり直し	190
遺産分割方法の指定	96
遺贈	96
遺贈の放棄	100
一時居住者	25, 112
一時居住贈与者	25
一時居住被相続人	112
一部が未分割	195
一般財団法人	79
一般社団法人	79
遺留分減殺請求	90
姻族	157

か行

換価分割	142, 185
教育資金の一括贈与	32
居住制限納税義務者	25, 112
居住無制限納税義務者	24, 112
限定承認	130
公益事業	34
公益信託	44
公益法人等への贈与	75
交換	62
公正証書による贈与	2
公正証書遺言	84
更正の請求	92
口頭による死因贈与契約	58
高度の公益事業	105
個人に対する負担付遺贈	135, 137

さ行

財産の所在	117
財産分与	197
死因贈与	57
自筆証書遺言	84
受遺者の納税義務	107
受益者等課税信託	73
所得税法59条	205
書面によらざる贈与	1
書面による贈与	2
人格なき社団・財団	8, 122, 146, 150
親族	157
制限納税義務者	23, 109
生命保険金	184
相次相続控除	168
相続債務（債務控除）	170
「相続させる」旨の遺言	97
相続時精算課税制度	56
相続税の2割加算	166
相続税法による更正の請求	92
相続税法の施行地	27
相続人の範囲	159
相続の放棄	176
相続分の指定	96
贈与税の3年内加算	50
贈与税の納税義務者	5, 8
贈与税の納税義務の成立	1
租税特別措置40条	205

た行

代償分割	187
中心的な同族株主	67
停止条件付遺贈	133
特定遺贈	100

特定公益信託……………………… 45
特定贈与財産……………………… 53
特定納税義務者…………………… 116
特別縁故者………………………… 197
特別寄与者………………………… 154

な行

認定特定公益信託………………… 46

は行

非居住制限納税義務者………… 25, 112
非居住贈与者……………………… 25
非居住被相続人…………………… 113
非居住無制限納税義務者……… 24, 112
負担付遺贈………………………… 135
扶養義務者………………………… 32
包括遺贈……………………… 98, 101

法人に対する遺贈………………… 144
法人に対する負担付贈与………… 70
法人に対する無償・低額譲渡……… 66

ま行

みなし譲渡課税…………………… 148
未分割遺産………………………… 192
無制限納税義務者…………… 23, 109
持分の定めのない法人……… 8, 12, 124, 146,
　　151, 222

や行

養子………………………… 161, 164

ら行

連帯納付義務……………………… 31

〈著者略歴〉

田中　耕司（たなか　こうじ）

1975年　学習院大学法学部政治学科卒

1975年～2000年　大阪国税局採用。資産税調査審理事務17年，調査部等法人税調査事務５年及び国税不服審判所審査事務に３年従事

2000年～2005年　住友信託銀行プライベートバンキング部シニアリレーションシップ・マネージャー

2005年９月～現在　JTMI 税理士法人 日本税務総研 代表

上場企業や中小企業の会計実務，不服審査実務にも通じた資産税の専門家。

住友信託銀行の勤務経験等から金融商品や信託税制にも明るい税理士。

【著書】

『実務家が書いた相続税対策』住友信託銀行　遺言信託研究会著

『信託法制の展望』新井誠・神田秀樹・木南敦編・日本評論社

『相続税・贈与税簡単ナビ』三井住友トラスト・ウェルスパートナーズ㈱監修・税理士法人日本税務総研編著，中央経済社

『税理士のための相続税の実務Q&Aシリーズ　株式の評価』税理士法人日本税務総研編集，中央経済社

長嶋　隆（ながしま　たかし）

1972年　中央大学商学部会計学科卒

1974年　公認会計士第二次試験合格

1975年－2006年　東京国税局採用

法人税調査審理事務９年，資産税調査審理事務19年，評価事務３年

その間1982年公認会計士第三次試験合格

2006年７月～現在　JTMI 税理士法人 日本税務総研 東京事務所 パートナー

企業会計及び資産税実務に精通した理論派。

石垣　信一（いしがき　しんいち）

1990年　学習院大学法学部卒

1990年－2010年　東京国税局採用。国税徴収事務６年，大蔵省大臣官房厚生事務２年・資産税調査審理事務10年，評価事務２年，資料事務２年従事

2012年７月～現在　JTMI 税理士法人 日本税務総研 東京事務所所属 アソシエイト

徴収事務にも通じた資産税の専門家，事業承継税制（納税猶予）・物納に明るい税理士。

吉原　広泰（よしはら　ひろやす）

1992年　神奈川大学経済学部卒

1992年－2018年　東京国税局採用。資産税調査審理事務18年，評価事務３年，所得税調査審理事務３年，国税局国税訟務官室訴訟事務２年従事

2018年９月～現在　JTMI 税理士法人 日本税務総研 東京事務所所属 アソシエイト

〈編者〉

JTMI 税理士法人 日本税務総研

国税局や税務署で相続税や法人税・消費税の調査を手がけてきた経験豊かな税理士を中心
とした専門家集団。

大阪事務所：大阪府大阪市北区堂島1‐5‐30　堂島プラザビル5階

名古屋事務所：愛知県名古屋市中区栄3‐15‐33　栄ガスビル8階

東京事務所：東京都千代田区丸の内1‐6‐1　丸の内センタービル17階

頼られる税理士になるための
贈与からはじめる相続の税務

2019年7月10日　第1版第1刷発行

編者	税理士法人　日本税務総研
発行者	山　　本　　　　継
発行所	㈱中央経済社
発売元	㈱中央経済グループ パブリッシング

〒101-0051　東京都千代田区神田神保町1-31-2
電話　03 (3293) 3371(編集代表)
　　　03 (3293) 3381(営業代表)
http://www.chuokeizai.co.jp/
印刷／三英印刷㈱
製本／㈲井上製本所

Ⓒ 2019
Printed in Japan

＊頁の「欠落」や「順序違い」などがありましたらお取り替えいた
しますので発売元までご送付ください。(送料小社負担)
ISBN978-4-502-31541-1　C3034

JCOPY 〈出版者著作権管理機構委託出版物〉本書を無断で複写複製(コピー)することは,
著作権法上の例外を除き,禁じられています。本書をコピーされる場合は事前に出版者著
作権管理機構(JCOPY)の許諾を受けてください。
　JCOPY 〈http://www.jcopy.or.jp　eメール：info@jcopy.or.jp〉